곤도 마리에

정리의 힘

MARIE KONDO

곤도 마리에

정리의 힘

홍성민 옮김

THE LIFE-CHANGING MAGIC OF TIDYING UP:
THE ART OF DECLUTTERING AND ORGANIZING

웅진 지식하우스

버리면 인생이 달라진다

나는 이 책에서 '한 번 정리하면 절대 다시 어지럽혀지지 않는 정리법'을 소개하려고 한다. 어떻게 그게 가능하냐고 의문을 갖는 사람들이 분명 있을 것이다. 대부분의 사람들은 아무리 열심히 정리해도, 다시 어질러진 상태로 돌아가기 때문이다.

당신이 정리를 반복하는 사람이라면 꼭 알아두어야 할 것이 있다. 먼저 '버리기'를 철저히 해야 한다. 그러고 나서 '한 번에, 단기간에, 완벽하게' 정리한다. 이 순서대로 올바르게 실행하면, 절대어수선한 상태로 돌아가지 않는다.

내가 가르치고 있는 정리법은, 기존의 정리·정돈·수납법 관점에서 보면 매우 비상식적이다. 하지만 나에게 개인적으로 정리법을 배운 사람들은 거의 모두 깨끗한 방을 유지하고 있다. 무엇보다도 그렇게 정리한 사람들의 삶에 놀라운 일이 일어났다. 정리를 한 후, 직장이나 가정뿐만 아니라 삶 전반에서 좋은 현상이 나타나기 시작한 것이다. 바로 이것이 인생의 80퍼센트 이상을 정리와 함께 해온 나의 결론이다.

'솔깃한 이야기이지만 실제로 그럴 리 없다'고 말하는 사람들도 있다. 물론 불필요한 물건을 매일 하나씩 버리고, 방을 일부 정리한 것만으로는 당연히 큰 효과를 기대할 수 없다. 하지만 어떻게 정리하느냐에 따라 인생은 크게 달라진다. 그것이 정리의 힘이다.

나는 다섯 살 때, 엄마가 보는 생활잡지를 처음 보고는 정리에 흥미를 갖게 되었다. 그러다 본격적으로 정리에 대해 연구를 시작한 것이 열다섯 살 때부터였다. 현재는 정리 컨설턴트로서 정리에 서툰 사람, 정리를 해도 다시 어질러진 상태로 돌아가는 사람, 정리하고 싶지만 어떻게 해야 좋을지 모르는 사람들을 대상으로, 정리를 지도하는 일을 하고 있다. 그리고 반드시 고객의 집이나 사무실을 직접 방문하여 교육한다.

내가 지금까지 정리 컨설팅을 통해 버린 고객의 물건을 헤아려 보면 겉옷과 속옷부터 사진, 볼펜, 잡지 기사, 화장품 샘플 등과 같은 사소한 물건까지 그 수만 100만 개가 넘는다. 절대 과장이 아니다. 45리터 쓰레기봉투 200장 분량의 물건을 버린 고객도 있었다.

이제껏 내가 진지하게 정리와 마주했던 경험 그리고 정리하지 못하는 사람을 정리할 수 있는 사람으로 이끈 경험을 바탕으로 자신 있게 말할 수 있는 것이 있다. 집 안을 정리하면 자신의 사고방식과 삶의 방식, 나아가 인생까지 극적으로 달라진다. '정리로 인생이 바뀐다니, 말도 안 돼'라고 생각하는가? 하지만 사실이다.

"어릴 적부터 꿈꿨던 일을 하기 위해 다니던 직장을 그만두고 창업했어요."

"내게 필요한 것이 무엇인지 확실히 알게 되었고, 그 결과 남편과 헤어졌습니다. 속이 시원해요."

"만나고 싶었던 사람에게 연락이 왔어요."

"방을 정리했더니 영업 건수가 크게 올라 기분이 좋습니다."

"부부 사이가 좋아졌어요."

"물건을 버리는 것만으로도 이렇게 자신이 달라지다니 놀랍습니다."

"체중이 3킬로나 빠졌어요."

정리 레슨을 받은 고객들이 매일같이 내게 보내주는 메시지다. 소식을 전하는 이들의 글과 말에서는 기쁨이 넘쳐흐른다.

그런데 왜 집 안을 정리하면 사고방식이며 삶의 방식, 인생이 달라질까? 정리를 통해 '과거를 처리'하기 때문이다. 정리를 통해 인생에서 무엇이 필요하고 필요하지 않은지, 무엇을 해야 하고 무엇을 그만두어야 하는지를 확실히 알게 되기 때문이다.

나는 현재 주로 여성과 경영자를 대상으로 정리·수납 교육을 하며 일대일 개인 레슨을 원칙으로 하고 있다. 거의 레슨 예약이 차 있기 때문에, 새로 교육을 받으려는 고객은 최소 3개월 정도 기다려야 한다. 정리 레슨을 받아 효과를 본 고객의 소개와 입소문으로 문의가 끊이지 않고 있고, 나는 도쿄, 오사카, 홋카이도, 때로는 해외까지, 세계 각지의 가정을 방문하고 있다. 어느 주부 모임에서 개최한 강연회에서는 예약 접수를 시작한 지 하루 만에 정원이 차서 대기자 리스트까지 만들어야 했다.

나에게 컨설팅을 받은 고객 중에 정리를 위해 다시 나를 찾는 고객은 지금까지 단 한 명도 없었다. 비즈니스로서는 치명적인 구조이지만 오히려 이런 점이 많은 고객들의 지지를 받는 비결이다.

한번 정리한 후 절대 다시 어질러지지 않았기에 재교육을 받을 필요가 없었던 것이다.

나는 정리 컨설팅을 하고 몇 개월이 지나면 종종 고객에게 이메일이나 편지를 보내 집이나 방 상태가 어떤지 물어본다. 그러면 고객들은 대부분 더 깨끗해졌다며 이후 자신이 어떻게 변했는지 말해준다. 고객들이 소식과 함께 보내주는 사진을 보니, 몇 개월 전 레슨을 마쳤을 때보다 물건 수도 더 적어지고 자신이 좋아하는 물건만으로 채운 공간에서 생활하고 있었다.

교육을 받은 고객들이, 진정한 의미에서 '정리할 수 있는 사람'으로 변화할 수 있었던 이유는 무엇일까? 그것은 내가 전수하는 정리법이 단순한 정리 노하우가 아니기 때문이다. 사실, 정리라는 행위 자체는 이쪽에 있는 물건을 저쪽으로 옮기거나, 물건을 선반에 수납하는 등 단순 작업의 연속이다. 행위만 보면 초등학교 1학년 아이도 할 수 있다. 그런데 그 정도 정리도 못하거나 정리해도 원상태로 돌아가는 이유는 처음부터 정리하는 습관을 갖고 있지 않거나 의식의 문제, 즉 '정신적인 면'에 원인이 있기 때문이다.

정리는 마음가짐이 90퍼센트를 차지한다. 자신의 정신적인 면을 고려하지 않으면 아무리 물건을 많이 버리고 수납법을 궁리한들 결국 반드시 이전의 어질러진 상태로 돌아가게 되어 있다.

그럼 정리에 대해 올바른 마음가짐을 갖기 위해서는 어떻게 해야 할까? 이를 해결하는 방법은 한 가지다. 올바른 노하우를 익히는 것이다. 내가 생각하는 정리를 위한 올바른 노하우는 물리적·기술적 정리 수납 방법이 아니라, 올바른 마음가짐을 익혀 정리할 수 있는 사람이 되는 법을 말한다.

물론 지금까지 나의 정리법을 교육받은 고객들 모두가 정리를 완벽히 할 수 있게 된 것은 아니다. 안타깝게도 이런저런 이유로 수강을 끝까지 마치지 못한 사람도 있다. 그들 중에는 단순히 집안일 대행 서비스처럼 '정리를 해주는 곳'이라고 기대하고 참가했다가 교육받기를 그만둔 사람도 있다.

정리의 프로, 정리 마니아라고 자부하는 내가 단언하건대, 내가 누군가의 방을 정리하고 모델하우스처럼 완벽하게 수납을 해줄 수는 있지만 그것은 진정한 의미에서 그 사람의 집을 정리한 것이라고 할 수 없다. 파일링이나 수납 같은 노하우보다 중요한 것은 그 사람 자신의 생활에 대한 의식이다. '나는 무엇에 둘러싸여 살고 싶은가'는 지극히 개인적인 가치관이기 때문이다.

'항상 정리가 잘된 기분 좋은 방에서 쾌적하게 지내고 싶다.'

사람은 누구나 그런 생각을 갖게 마련이다. 한 번이라도 방을 깨끗이 정돈한 적이 있는 사람이라면 '정돈된 상태를 유지하고 싶다'는 생각을 할 것이다. 한편 '그렇게 될 수 없다'고 생각하는 사람도 많다. 지금까지 이런저런 정리법을 시도해봤지만 조금 지나면 항상 이전의 어질러진 상태로 돌아가게 된다는 것이다.

하지만 나는 자신 있게 말할 수 있다. 누구나 깨끗이 정리된 방을 유지할 수 있다고 말이다.

물론 그렇게 하기 위해서는 지금까지 믿었던 정리에 대한 생각이나 습관을 완전히 바꿔야 한다. 이렇게 말하면 아예 시도할 생각도 하지 않고 포기해버리는 사람도 있을지 모른다. 하지만 걱정하지 않아도 된다. 이 책의 내용은 누구나 납득할 만하며, 이 책을 통해서라면 누구나 올바른 정리법을 배울 수 있다.

'나는 뭐든 귀찮아하는 성향이라 정리를 못한다', '시간이 없어서 정리를 못한다'고 말하는 사람이 있는데, 정리를 못하는 이유는 개인적인 성향 때문도 아니고 시간이 부족해서도 아니다. '방마다 차례로 정리한다', '매일 조금씩 정리한다', '수납은 동선을 고려해서 정리한다' 등 지금까지 상식으로 여겼던 정리법이 잘못되었기 때문이다.

누구나 한 번이라도 '완벽한 정리'를 하면 인생이 반짝반짝 빛나는 느낌을 경험할 수 있다. 무엇보다 정리한 후에 인생이 크게 변화하는 것을 실감할 수 있다. 그렇게 하면 두 번 다시 '정리 리바운드'되지 않는다. 나는 이것을 '정리의 마법'이라고 부른다. ('정리 리바운드'란 정리를 했음에도 다시 어지럽혀진 상태로 돌아가는 것을 말한다.) 정리의 마법 효과는 절대적이다. 한 번 정리하면 절대 이전의 어질러진 상태로 돌아가지 않을뿐더러 새로운 인생을 시작할 수 있다.

나는 많은 사람들이 이 같은 정리의 마법으로 반짝이는 인생을 살 수 있기를 바란다.

곤도 마리에

Marie Kondo

PART 2 죽어도 못 버리는 사람들을 위한 버리기 원칙

PART 3 절대 실패하지 않는 물건별 정리법

PART 5 인생을 극적으로 변화시키는 정리의 힘

PART 1

잘못된 정리 상식부터
버리자

01

정리에 대한 마인드 바꾸기

정리도 배우는 건가요?

"나의 직업은 정리 컨설턴트예요."

내가 이렇게 말하면 사람들 대부분이 눈을 동그랗게 뜨고 놀라며 묻는다.

"그런 직업도 있어요?"

"정리도 배우는 건가요?"

그도 그럴 것이 취미 활동과 교양을 쌓기 위해 문화교실에 다니는 것이 유행이 되면서 요리교실, 패션교실, 요가교실, 좌선교실 등 프로그램이 다양해졌는데도 '정리교실'은 찾아보기 힘들기 때문이다.

정리는 '배우는 것이 아니라 익숙해지는 것'이라는 사고방식이 강하다. 요리만 해도 각 가정마다 '우리 집만의 맛'을 엄마가 딸에게, 다시 그 딸에게 전통 비법을 전수하는 데 비해, 같은 집안일이라도 '우리 집만의 정리법'을 전하고 있다는 이야기는 들어보지 못했다.

어린 시절 부모님께 "정리해!"라는 소리를 들으며 매번 혼이 났지만, 정작 어떻게 정리해야 하는지 그 방법을 가정교육 차원에서 배운 사람은 많지 않다. 한 조사에 의하면, '정리에 대해 배운 적이 있다'는 사람은 전체 조사자 중 0.5퍼센트도 되지 않았다. 다시 말해 대부분의 사람들이 자기 방식으로 정리를 하고 있다는 것이다.

가정에서뿐만 아니라 교육 현장에서도 정리는 중요시되지 않고 있다. "가정 과목에서 배운 것 중 어떤 것이 떠오르는가?" 하고 물으면 많은 사람들이 햄버거 같은 요리를 만드는 실습 시간이나, 익숙하지 않은 재봉틀로 앞치마를 만드는 시간을 떠올린다.

실제로 초·중등학교의 가정 과목 교과서 내용 중에 정리에 대해 언급되어 있는 비율은 요리나 의복에 비해 놀랄 정도로 낮다. 심지어 그 적은 분량의 정리 내용마저 수업 시간에 다루어지지 않으며 읽지도 않고 넘어가는 경우도 있다고 한다.

현실이 이렇다 보니, 정리를 배운 적이 있다는 가정학과 출신들을 드물게 만난 적이 있지만 그들도 제대로 정리를 못하기는 마찬가지였다.

의식주라는 말처럼 집에 사는 것은 먹는 것, 입는 것과 마찬가지로 중요한데도, 주住의 기본인 정리를 소홀히 하는 것은 정리는 배우는 것이기보다는 습관처럼 익숙해지는 것이라는 의식이 사람들의 뇌리에 뿌리박혀 있기 때문이다.

그렇다면 정리를 오랫동안 해오고, 정리에 익숙할수록 정리를 잘할까? 절대 그렇지 않다.

나의 정리 레슨을 받은 사람들 중 25퍼센트는 50대 여성이다. 그들 중 대부분이 30년 이상 전업주부로 지낸 '베테랑 주부'다. 그러면 그런 주부들이 30대 여성들보다 정리를 잘할까? 실상은 오히려 그 반대다. 잘못된 상식을 바탕으로 정리를 해왔기 때문에 불필요한 물건을 잔뜩 쌓아두고 있거나, 무리한 수납법으로 불편을 겪고 있는 주부들이 많다.

그렇다고 우울해할 필요는 없다. 지금까지 제대로 된 정리법을 배운 적이 없었으므로 정리를 못하는 것은 당연하다.

이제는 올바른 정리 방법을 배워야 한다. 나와 함께 바른 정리법에 대해 공부하고 실천한다면 누구나 어수선한 잡동사니 지옥에서 탈출할 수 있다.

조금씩 정리하라는 팁에
넘어가지 마라

"생각났을 때 몰아서 정리하는데, 조금 지나면 다시 지저분해져요."

잡지 Q&A 코너에서 종종 볼 수 있는 독자의 고민이다. 그러면 십중팔구 전문가는 이렇게 답한다.

"한 번에 몰아서 정리하면 다시 어수선한 상태로 돌아가니, 조금씩 정리하는 습관을 가지세요."

'정리' 하면 꼭 등장하는 이 같은 문답을 나는 이미 다섯 살 때부터 봐왔다.

삼남매 중 둘째로 태어난 나는 자유롭게 자란 편이다. 여동생이 태어나면서 어머니는 동생을 돌보느라 여념이 없었고, 두 살 위인 오빠는 비디오 게임을 좋아해서 항상 텔레비전 화면에 찰싹 달라

붙어 있었다. 그래서 나 혼자 시간을 보낼 때가 많았다. 어린 시절 내가 가장 좋아한 것은 여성잡지 읽기였다. 어머니가 정기 구독하는 잡지《에세ESSE》가 집에 도착하면 어머니보다 먼저 받아서 포장을 찢고 바로 읽곤 했다. 그리고 초등학생 때는 학교에서 집에 오는 길에 서점에 들러《오렌지페이지》라는 생활·요리잡지를 읽었다. 글자를 전부 읽지는 못했지만 맛있는 요리 레시피와 사진, 기름때를 없애는 비법, 10원이라도 더 아끼는 절약법까지 생활의 지혜가 담겨 있는 여성잡지가 내게는 오빠의 비디오 게임 공략서 같은 것이었다.

잡지의 글 중에 마음에 드는 내용이 있으면 페이지 끝을 접어 표시해놓고는 '이 비법을 언제 시험해볼까' 하고 생각하면서 혼자만의 놀이를 즐기느라 지루할 틈이 없었다.

잡지에서 절약 특집에 관한 글을 읽었을 때는 전기요금 구조도 모르면서 '절전 게임'이라고 부르며 쓰지 않는 가전제품의 코드를 전부 뽑았다. 또 절수를 위해 변기 물통에 페트병을 넣는 등 각종 절수법을 실천했다. 수납 특집 글을 읽었을 때는 우유팩으로 서랍 속 칸막이를 만들고, 가구와 가구 사이의 빈 공간에 비디오테이프 케이스를 끼워 넣어 선반을 만들어보기도 했다. 학교에서도 정리에 관한 나의 시도는 멈추지 않았다. 쉬는 시간에 피구나 줄넘기 놀이에서 살짝 빠져나와 교실 책장의 책을 다시 배열하고, 복도에 있는 청소도구함의 내용물을 확인하면서 '이곳은 S자 고리가 있는 게 쓰기 편하겠어'라며 잘못된 점을 집어내기도 했다.

하지만 어린 시절 나에게 도저히 해결할 수 없는 고민이 하나 있었다. 바로 어느 곳을 정리해도 시간이 지나면 원상태로 되돌아가는 것이었다. 우유팩으로 만든 정리함은 문구용품으로 넘쳐나고, 비디오테이프 케이스로 만든 선반은 어느샌가 우편물로 가득 차서 우편물이 바닥으로 떨어졌다. 같은 집안일이라도 요리나 재봉은 할수록 잘하게 되었는데, 정리만큼은 몇 번을 반복해도 항상 제자리였다. 그래서 나는 정리란 게 원래 아무리 해도 원상태로 돌아가는 어쩔 수 없는 것이라고 생각했다.

어린 시절 이후에도 잡지의 정리 특집에 관한 내용을 볼 때마다 이 같은 원상복귀 문제를 수도 없이 보았기 때문에, 어쩔 수 없는 당연한 것으로만 여겼다.

하지만 타임머신이 있다면 그때의 내게로 돌아가 "그 생각은 틀렸어"라고 말하고 싶다. 올바른 정리법을 실천하면 정리 리바운드는 절대 일어나지 않기 때문이다.

다시 되돌아가는 현상 하면 다이어트의 '요요 현상'이 떠오를 것이다. 그래서 정리도 다이어트처럼 한 번에 정리하면 다시 이전의 상태로 돌아가 실패하고 말 것이라는 생각을 할 수도 있다. 하지만 그것은 잘못된 생각이다.

방은 이쪽에 있는 가구를 저쪽으로 옮기고, 쓰레기를 줄이는 그 순간 변화가 일어난다. 정리라는 작업 자체가 물리적인 일이기 때문이다. 방을 한 번에 정리하면 그 순간 정리되는 것이다. 당연하고 단순한 사실이다.

그렇다면 왜 한 번에 깨끗이 정리했는데도 다시 어수선한 상태로 되돌아가는 사람이 많을까? 자신은 한 번에 완벽하게 정리했다고 생각하지만, 사실은 어중간하게 정리·정돈·수납했기 때문이다. 올바른 방법으로 정리한다면 매사 귀찮아하는 사람도 깨끗한 방을 유지할 수 있다.

"한 번에 정리하면 원상태로 돌아가니, 매일 조금씩 정리하는 습관을 들이세요"라는 제안은 언뜻 신뢰가 가기도 한다. 하지만 이 말에 속아 넘어가면 안 된다. 정리 습관을 조금씩 익히려고 한다면 평생 정리하지 못한다. 오랫동안 익숙해진 생활 습관은 쉽게 바꿀 수 없다. 정리해야겠다는 생각은 늘 하면서도 정리하지 못하는 사람이 정리 습관을 조금씩 익히는 것은 거의 불가능하다. 의식을 바꾸지 않는 한 습관은 바뀌지 않기 때문이다. 의식을 바꾸기란 말처럼 쉽지 않다. 또한 스스로 의식을 조절하는 것은 매우 어렵다.

그렇지만 이 같은 정리에 대한 의식을 극적으로 변화시킬 수 있는 방법은 있다. 나는 중학생 때 『버리는 기술』이라는 책을 읽고 정리에 대해 본격적으로 눈을 떴다. 학교에서 집으로 돌아오는 길에 그 책을 읽고 나는 큰 충격을 받았다. 그 책에는 지금까지 내가 읽었던 어떤 잡지에서도 보지 못한 '버리기'의 중요성이 설명되어 있었기 때문이다. 심지어 지하철 안에서 너무 열중해 읽던 나머지 내려야 할 역을 지나칠 뻔하기도 했다.

나는 집에 도착해 제일 먼저 쓰레기봉투를 들고 방으로 갔다. 당시 내 방은 9제곱미터(약 3평) 크기였는데, 그 방에서 나온 물건들로 순식간에 쓰레기봉투 8장이 채워졌다. 입지 않는 옷부터 초등학교 교과서, 어릴 때 갖고 놀던 장난감, 수집해놓은 지우개, 스티커 등 대부분 갖고 있는지도 몰랐던 물건들이었다.

버리기를 끝낸 후, 쓰레기봉투들이 쌓인 방 한가운데 한참 동안 주저앉아 주위를 둘러보며 '지금까지 왜 이런 물건들을 쌓아두고 있었을까' 하고 생각했다.

그렇게 청소한 후 방의 모습이 완전히 달라진 데 또 한 번 충격을 받았다. 고작 몇 시간 동안 버리고 정리한 것만으로 지금까지 물건으로 채워졌던 부분의 바닥이 드러나면서 전혀 다른 방이 된 것이다. 방의 분위기도 확실히 가벼워졌고 마음까지 개운했다.

'정리는 내가 생각한 것 이상으로 대단한 행위'라는 생각이 들었다. 너무 커다란 변화를 경험한 나는 그 일을 계기로 신부 수업이라는 생각으로 해왔던 요리, 재봉, 기타 집안일은 제쳐두고 오로지 정리에만 몰두했다. 정리는 눈에 보이는 형태로 결과가 나타난다. 정리는 거짓말을 하지 않는다.

이렇듯 내가 전수하는 정리 비법은 '정리 습관을 조금씩 익히는 것이 아니라 한 번에 정리하는 것'으로 의식의 변화를 극적으로 이끌어내는 데 있다. 마음이 뒤흔들릴 만큼 극적인 변화를 경험하고 거기서 받은 강한 인상으로 의식이 달라져서 좋든 싫든 생활 습관이 바뀌는 것이다.

실제로 나의 고객들 예를 봐도 정리 습관은 조금씩 몸에 배는 것이 아니다. 한 번에 정리한 그날부터 누구나 스스로 정리할 수 있게 된다. 그렇게 하기 위해서도 정리는 한 번에 하지 않으면 안 된다. 이것이 리바운드되지 않는 정리법의 가장 큰 핵심이다.

정리를 했는데 이전의 지저분한 상태로 돌아가는 가장 큰 원인은 방과 물건이 아니라, 정리하는 사람의 사고방식에 있다. 정리해야겠다는 생각이 들어도 그것이 지속되지 않고, 의욕이 사그라져 버리는 것이다. 이는 정리 결과가 확연히 눈에 보이지 않았거나, 효과를 실감하지 못했기 때문이다.

따라서 성공적으로 정리를 하기 위해서는 올바른 방법으로 짧은 시간에 확실한 정리 효과를 내야 한다. 한 번에 확실하게 정리하면 결과를 바로 확인할 수 있고, 의식의 변화가 이루어져 깨끗한 상태를 계속 유지할 수 있다.

03
완벽한 정리를 위한 2가지 원칙

버리기와
자리 정하기

"완벽함을 목표로 하지 말고, 조금씩 정리하세요."

"하루 1개씩 정리하고 버리세요."

정리에 서투르고 게으른 사람의 마음을 어루만져주는 달콤한 말이다. 이런 말은 내가 정리에 대한 연구를 본격적으로 시작했을 때 정리에 관한 책들을 섭렵해가던 중에 많이 접한 문장이다.

하지만 연구에 뛰어든 지 오래지 않아 정리 효과가 눈에 띄지 않고 정체된 기분이 들면서 정리에 대한 열정도 사그라지기 시작했다. 그렇게 슬슬 지쳐가던 중 나는 감쪽같이 '완벽함을 포기하라'는 덫에 걸려들고 말았다. 처음부터 완벽하게 정리하자는 생각에 마음이 무거워졌던 것이다. 나는 곧 '애당초 완벽한 정리란 있을 수 없어. 확실히 책에 나와 있는 대로 하루 1개씩 정리하고 버리면,

1년에 365개나 버릴 수 있다. 좋은 방법을 찾았다'고 합리화하며, 당장 '하루 1개씩 정리하고 버리기'를 실천했다.

매일 아침 일어나면 '오늘은 무얼 버릴까?' 하며 방을 살폈다. 옷장을 들여다보고 '이 티셔츠는 잘 입지 않아' 하고 속으로 중얼거리며 티셔츠를 쓰레기봉투에 넣었다. 다음날은 책상 서랍 속을 뒤져 '이 공책은 너무 유치해' 하며 공책을 버렸다. '이 메모장도 더 이상 필요 없어' 하고 그것을 쓰레기봉투에 넣으려다 멈칫 하고는 '아, 메모장은 내일 버리면 되겠다'라는 생각으로 규칙을 지킨 적도 있었다. 그렇게 하루 1개씩 물건을 정리하다가, 때로 오늘 버리는 것을 까맣게 잊어버려서 다음 날 2개를 버린 적도 있었다.

하지만 그 정리법을 시작한 지 365일은커녕 고작 2주도 안 되어 그만둬버렸다. 사실 나는 꼼꼼하고 성실한 성격이 아니다. 나처럼 성격이 급하고 꾸준하지 못한 사람에게는 하루 1개씩 물건을 정리하고 버리는 일도 결코 쉬운 일은 아니다. 나는 여름방학 숙제도 개학 전날 몰아서 하는 타입이다.

게다가 하루 1개씩 버리는 정리법은 오히려 물건을 사려는 성향을 불러일으켜 예전보다 물건의 양이 더 늘어날 수도 있다. 그러면 물건이 쉽게 줄지 않는 어중간한 상태가 되어 정리되지 않은 방이 더욱더 지긋지긋해지고, 결국 하루 1개씩 물건을 버리는 규칙마저 지킬 수 없게 된다.

어중간하게 정리하면 평생 정리할 수 없다. 만일 당신이 성실하고 인내심 강한 타입이 아니라면, 한 번이라도 좋으니 '완벽'하게 정리할 것을 권한다. 완벽이라는 말을 듣는 순간부터 '그건 무리'라며 거부반응을 보이는 사람도 있겠지만, 크게 걱정하지 않아도 된다. 정리는 물리적인 작업이기 때문이다.

즉 크게 두 가지만 생각하면 된다. '물건을 버릴지 남길지 결정하는 것'과 '물건의 자리를 정하는 것'이 바로 그것이다. 이 두 가지만 할 수 있으면 누구나 완벽하게 정리할 수 있다. 물건은 정확히 숫자를 셀 수 있는 것이기 때문에 하나씩 버릴지 남길지를 구분하고, 물건마다 바른 위치를 정해주면 반드시 '정리의 끝'은 찾아온다. 정리 리바운드되지 않는 상황을 위해서도 이 두 가지 원칙은 반드시 필요하다.

04
어지르는 행위에 숨겨진 심리

정리란 마음을
비우는 것

누구나 한 번쯤, 시험 전날 그 바쁜 와중에 정리가 마구 하고 싶었던 경험이 있을 것이다. 정작 공부는 뒷전인 채 책상 위에 쌓인 프린트를 정리하고, 여기저기 굴러다니는 교과서를 정리하다가, 결국 이를 멈추지 못하고 책장의 책을 새로 정리하고, 책상 서랍의 문구용품까지 전부 꺼내서 정리하고, 그러다가 어느 사이에 새벽 2시가 되어버린 걸 깨닫게 된다. 책상 주위가 깨끗해졌을 즈음, 이제 공부해야겠다고 마음먹지만 그때부터 잠이 쏟아지면서 꾸벅꾸벅 졸다가 퍼뜩 정신을 차리고 보면 새벽 5시가 되어 있다. 그제야 바짝 정신을 차리고 공부를 시작한다. 이는 다름 아닌 내 이야기다. 나는 시험 전날만 되면 이런 패턴을 반복했다.

시험 전날 '정리하고 싶다'는 충동은 정리에 흥미가 있는 나쁜

만 아니라 꽤 많은 사람들이 느끼는 현상이다. 시험 전날 말고도 다급한 상황에 처하면 정리가 하고 싶다는 사람들을 쉽게 찾아볼 수 있다.

이처럼 너무 정리가 하고 싶어지는 이유는, 정말 방을 정리하고 싶은 것이 아니라 심리적으로 정리하고 싶은 다른 무언가가 존재하기 때문이다. 공부를 하지 않으면 안 되기 때문에 마음이 불편한데, 눈앞이 어수선해서 '정리를 해야 한다'는 생각이 들고, 결과적으로 공부와 정리의 우선순위가 바뀌는 것이다.

그 증거로 시험 전날 정리하고 싶은 충동이 시험이 끝난 후에도 계속 드는 경우는 거의 없다는 것을 들 수 있다. 시험을 끝내고 집으로 돌아오면 전날 밤의 정리에 대한 열정은 깨끗이 사라지고 이전의 생활로 돌아가게 된다. 시험공부를 하지 않으면 안 된다는 문제가 '정리'되었기 때문이다.

그러나 어수선한 방을 정리하는 것만으로 마음의 혼란이 사라지는 것은 아니다. 물론 방을 깨끗이 정리하면 일시적으로 기분도 상쾌해진다. 바로 이것이 함정이다. 마음을 어지럽힌 진짜 원인은 해결되지 않았는데 말이다. 매번 물리적인 정리만 하면서 심리적인 정리까지 생각이 미치지 못한 채 일시적인 상쾌함에 속아 넘어가게 되는 것이다. 실제로 시험 때마다 한밤중에 정리를 했던 나는 공부를 시작하기까지 시간이 걸렸고, 항상 그 결과는 비참했다.

여기서 정리 이전의 문제인 '방이 흐트러진 상태'에 대해 좀 더 깊이 생각해보자. 원래 방은 저절로 어지럽혀지지 않는다. 그 방을 사용하는 자신이 어지르는 것이다. '방이 흐트러진 것은 마음이 혼란스럽기 때문'이라는 말이 있다. 흐트러진 상태는 물리적인 것 외에 심리적으로 문제가 있다는 뜻이고 그것이 눈앞의 어수선함에 가려지게 되는 것이다. 즉 어지르는 행위는 문제의 본질에서 눈을 돌리기 위한 인간의 방어 본능이라는 것이다.

'너무 깔끔한 방은 왠지 더 불안하다'는 사람은 그 불안함과 진지하게 마주하다 보면 신경이 쓰이는 진짜 문제가 떠오르는 것을 깨달을 것이다.

정리를 해서 방이 깨끗해지면 자신의 기분이나 내면과 직면하게 된다. 외면했던 문제를 깨닫게 되어 좋든 싫든 해결하지 않을 수 없게 된다. 정리를 시작한 순간부터 인생도 정리되기 시작하는 것이다. 그 결과 인생이 크게 변화한다.

그래서 정리는 한 번에 단기간에 끝내야 하고, 그럴수록 자신이 마주해야 할 문제에 더욱더 가깝게 다가갈 수 있게 된다.

정리는 단순한 수법일 뿐 그 자체가 목적은 아니다. 정리를 한 후에 어떻게 생활하느냐가 진정한 목적이다.

05
수납의 편리함에 의존하지 않기

수납을 잘할수록
물건에서 벗어날 수 없다

'정리' 하면 생각나는 가장 큰 고민은 무엇일까?

이 문제에 대해 많은 사람들이 '수납 방법을 모른다', '무엇을 어디에 넣으면 되는지 배웠으면 좋겠다'라고들 말한다. 그들의 마음은 이해가 가지만, 사실 이런 고민 자체가 잘못되었다.

한마디로 '수납'이라는 말에는 악마가 숨어 있다고 할 수 있다. '순식간에 말끔하게 수납하는 비법' '편리한 수납 제품 특집' 등 수납이라는 단어에는 '지금 바로', '당장'과 같은 손쉬움을 나타내는 수식어가 꼭 따라붙기 때문이다. 인간은 편안함을 좇는 속성이 있어서 눈앞의 어수선한 방을 즉시 깨끗하게 해주는 편리한 수납법에 쉽게 열광한다.

나도 예전에는 이 같은 '수납 신화'의 포로였다. 일찍이 유치원에 다닐 때부터 생활잡지에 수납 특집이 실리면 즉시 실천에 옮겼다. 티슈 상자로 서랍을 만들고, 용돈을 털어 잡지에 소개된 수납 제품을 구입해 시험해보았다. 중학생 때는 학교가 끝나고 집에 가는 길에 백화점이나 잡화점에 들러 새로 나온 수납 제품을 빠짐없이 체크했다. 고등학생 때는 수납 아이디어 제품을 만든 회사에 직접 전화를 걸어 "이 제품의 개발 스토리를 알려주세요"라고 끈질기게 물어 고객센터 직원을 난처하게 만든 적도 있었다. 수납 제품에 물건을 넣으면서 '정말 편리한 세상이야' 하고 감탄하며 수납 제품의 존재에 고마움을 표할 정도였다.

그렇게까지 수납 제품을 좋아했지만 그것이 진리는 아니라는 것을 깨달았다. 수납법으로는 정리가 해결되지 않는다. 수납은 결국 벼락치기 해결법에 불과했던 것이다.

수납에 몰두하던 당시, 정신을 차려보니 나의 방은 온통 수납 제품으로 꽉 차 있었다. 바닥에 자리한 잡지 진열대, 책이 수납된 컬러 박스, 서랍 속 각종 크기의 상자 등 그 종류도 다양했다.

하지만 그렇게 정리해도 방 안은 여전히 어수선했다. '왜 수납을 하는데도 정리가 안 될까?' 절망적인 기분으로 수납된 내용물을 살펴보던 중 나는 중요한 점을 깨달았다. 수납 제품 안의 물건들이 거의 필요 없는 것들이었다.

내가 한 것은 정리가 아니라, 단순히 물건을 쑤셔 넣는 작업이었다. 필요 없는 물건에 뚜껑을 덮어 보이지 않게 한 것뿐이었다.

수납법에서 가장 골치 아픈 문제는 물건을 안에 넣어버리면 언뜻 정리 문제가 해결된 것 같은 착각에 빠진다는 점이다. 이렇게 되면 수납 제품의 내부가 꽉 채워질 무렵에는 다시 방이 어수선해지고, 또다시 안이한 수납법으로 내달리는 악순환에 빠지게 된다.

그렇기 때문에 정리는 수납이 아니라 '버리기'부터 시작해야 한다. 물건을 버릴지 남길지 선별 작업이 끝날 때까지는 절대 수납법을 활용해서는 안 된다.

06
분산 수납하지 않기

장소별이 아니라
'물건별'로 정리하라

본격적으로 정리 연구를 시작한 중학생 시절, 내 정리 연구를 한마디로 말하면 '무조건 실천'이었다. 내 방, 오빠 방, 여동생 방, 거실, 주방, 욕실 등 '장소별'로 매일 정리를 계속했다. 마트의 특별 할인 날처럼 '매달 5일은 거실의 날'이라고 정하고 1인 캠페인을 벌이기도 하고, 오늘은 식품 저장실을 정리하면, 내일은 욕실 선반을 공략하는 등 매일 어디를 정리할지 계획을 세워 행동에 옮겼다.

고등학생이 되어서도 그 습관은 계속되어 학교에서 돌아오면 옷도 갈아입지 않고 교복 차림으로 곧장 정리할 장소로 향했다. 오늘은 '욕실의 붙박이장 선반' 하고 정하면, 붙박이장을 열고 안에 있는 물건들을 전부 꺼내어 정리를 했다. 플라스틱으로 된 붙박이장 서랍에서 화장품 샘플과 비누, 칫솔, 면도기 등의 비품들을 유형별로 분류하고 상자에 담아 다시 제자리에 넣었다.

그렇게 정리된 서랍 안의 물건들을 보고 깨끗함을 충분히 만끽하고 나서야 다음 서랍으로 이동하곤 했다. 시간이 흘러 "마리, 저녁 먹어라" 하는 엄마의 목소리가 들릴 때까지 선반의 물건들을 손에서 놓지 못했다.

그러던 어느 날 학교에서 돌아와 평소처럼 정리를 시작하려던 나는 고개를 갸웃거렸다. '이 서랍을 정리했던가?' 그때 내가 정리하려던 것은 복도의 수납장에 있는 종이로 만든 서랍이었다. 분명 욕실의 붙박이장 서랍과는 다른 장소다. 하지만 욕실과 똑같이 화장품 샘플과 비누, 칫솔, 면도기 따위의 생필품들이 들어 있었다. 매번 똑같은 물건을 똑같이 유형별로 분류해 반복적으로 정리하는 자신의 행동을 그제야 알게 된 것이다. 정리를 시작한 지 3년이나 지났는데 이런 행동을 알아채지 못했다니 한심하다는 생각마저 들었다.

'장소별' 정리는 언뜻 올바른 방법 같아 보이지만 사실 그렇지 않다. 정리 전 단계에서는 같은 유형의 물건이라도 수납 장소가 두 곳 이상으로 나뉘는 경우가 종종 있는데, 이 상태에서 아무 생각 없이 장소별로 정리하면 자신도 모르는 사이에 같은 물건을 계속 반복해서 정리하는 악순환에 빠지게 된다. 따라서 정리는 장소가 아니라 '물건별'로 해야 한다. 오늘은 이 방을 정리하겠다가 아니라 '오늘은 옷, 내일은 책' 하는 식으로 물건별로 정리하는 것이다.

많은 사람들이 정리하지 못하는 가장 큰 원인은 물건이 많기 때문이다. 또한 물건이 늘기만 하는 주된 원인은 자신이 갖고 있는 물건의 양을 파악하지 못해서다. 자신이 갖고 있는 물건의 양을 파악하지 못하는 이유는 수납 장소가 여러 곳으로 분산되어 있기 때문이다. 수납 장소가 분산된 상태에서 장소별로 정리할 경우 영원히 정리는 끝나지 않는다.

두 번 다시 어질러진 상태로 되돌아가고 싶지 않다면, 장소별이 아니라 '물건별'로 정리해야 한다는 점을 반드시 기억하자.

07
어떤 성격이든 정리는 버리기가 관건

성격별 정리법은
전혀 효과 없다

"정리 못하는 원인은 제각각입니다. 당신의 성격에 맞는 정리법을 실천하세요."

정리 관련 책에서 자주 볼 수 있는 이런 말은 순간적으로 사람을 설득하는 힘을 갖고 있다. '그렇구나, 지금껏 내가 정리를 못했던 것은 매사 귀찮아하는 내 성격 때문이야'라는 식으로 생각하게 만드는 것이다. 그래서 책에 차트로 정리된 귀차니스트 타입, 시간이 없는 타입, 물건에 애착이 없는 타입, 물건에 애착이 심한 타입 등 성격별 정리법을 선택해 시도하게 만든다.

나도 정리 일을 시작했을 무렵에는 성격별 정리법을 추구했다. 심리학 관련 서적을 살펴보고 고객과의 미팅 단계에서 혈액형을 물어보고, 부모의 성격을 물어보고, 생일로 동물점을 보기도 했다.

'이런 성격에는 이 정리법' 하고 단정 지을 수 있는 법칙을 찾고 싶어서 5년 넘게 성격별 정리법에 대해 분석했다. 하지만 이 분석을 통해 성격에 맞춰 정리법을 바꿔도 전혀 소용이 없다는 것을 알게 되었다. 대부분의 사람들이 귀찮아하고, 시간도 없고, 애착이 가는 물건을 갖고 있는 반면 전혀 그렇지 않은 물건도 갖고 있기 때문이다. 나 역시 마찬가지다.

그럼에도 불구하고 정리하지 못하는 원인을 타입별로 나누기 위해 무엇을 기준으로 할지에 대한 나의 고민은 계속되었다. 자나 깨나 정리만 해서인지 뭐든지 카테고리화하려고 하는 나의 습성이 더욱더 그런 고민을 떨치지 못하게 만들었다. 특히 정리 컨설턴트 일을 시작했을 당시에는 고객의 타입에 따라 내용이 다른 서비스를 제공하기 위해 필사적이었다. 고객을 타입별로 나누고 정리법도 바꿔서 살짝 어렵게 이야기하면 '프로는 다르구나'라는 말을 듣지 않을까 하는 유치한 생각도 했었던 것도 사실이다.

어쨌든 고심 끝에 나는 '정리하지 못하는 타입'을 다음과 같이 세 가지로 분류했다. 첫째는 물건을 버리지 못하는 타입, 둘째는 물건을 제자리에 두지 못하는 타입, 셋째는 두 가지를 혼합한 타입, 즉 버리지 못하면서 제자리에 두지 못하는 타입이다.

이처럼 분류한 이유는 성격 같은 애매한 기준이 아니라, 실제로 일어나는 현상을 기준으로 분류해야 한다고 생각했기 때문이다.

그러나 이 기준으로 보면, 나를 찾아오는 고객의 90퍼센트가 '물건을 버리지 못하고 제자리에 두지 못하는 타입'이고, 나머지

10퍼센트가 '물건을 제자리에 두지 못하는 타입'이다. 실제로는 버리지 못하는 경우에만 해당되는 사람(버리지는 못하지만 제자리에 두는 타입)은 존재하지 않는다. 물건을 버리지 못하면 머지않아 반드시 물건으로 넘쳐나서 제자리에 둘 수 없게 된다. 게다가 10퍼센트에 해당되는 고객인 '물건을 제자리에 두지 못하는 타입'도 막상 정리 작업을 시작해보면 쓰레기봉투 30장 분량의 물건을 가지고 있다.

결국 어떤 타입이든 정리는 '버리기'부터 시작해야 한다는 말이다. 이를 알게 된 후로는 정리법에 대해서는 고객이 어떤 타입인가에 관계없이 같은 내용을 말한다. 사람에 따라 갖고 있는 물건이나 가구가 다르기 때문에 어차피 똑같은 정리법을 적용할 수도 없다. 똑같은 방법을 전달하려고 해도 고객에 따라 전달 방법이나 교육법이 달라지기 때문에 굳이 억지로 분류해 가며 차이를 둘 필요가 없다는 말이다.

정리를 하기 위해 애써 까다롭게 분류할 필요는 없다. 정리에 필요한 작업은 '버리기'와 '수납 장소 정하기', 두 가지면 충분하다. 중요한 것은 버리기를 먼저 한다는 작업 순서를 지키는 것일 뿐, 이 같은 정리 원칙을 따르되 나머지는 정리를 하는 본인이 어떤 수준을 원하느냐에 따라 정리해 나가면 된다.

08
일상의 정리 vs 축제의 정리

정리는 매일매일
하는 것이 아니다

"정리는 축제와 같아요. 매일 정리를 해서는 안 됩니다."

정리 강좌에서 이런 말을 하면 사람들 모두가 놀란 표정을 짓는다. 이에 대해 말하기 전에, 정리에 관해서는 사람에 따라 생각이 다르고, 지금까지 온갖 정리법을 시도해본 나도 아직 모르는 방법이 있기 때문에, 이 정리법은 다분히 내 개인적인 생각임을 밝혀 둔다.

반드시 정리는 1회로 끝내야 한다. 만일 당신이 정리는 영원히 계속되는 것으로, 매일 하지 않으면 안 되는 일이라고 생각했다면 이는 잘못된 생각이다.

정리에는 두 가지 종류가 있다. '일상의 정리'와 '축제의 정리'가 그것이다. 일상의 정리란, 물건을 사용하고 제자리에 두는 것이다. 옷이든 책이든 문구용품이든 물건을 사용하며 생활하는 이상 우리는 이 같은 정리를 평생 해야 한다. 하지만 내가 이 책을 통해 말하고 싶은 것은 '축제의 정리'다. 일생에 한 번, 축제의 정리를 끝내면 깨끗한 방에서 자신이 바라는 이상적인 생활을 할 수 있다. 물건에 짓눌리는 생활 속에서 진정한 행복을 느끼는 것이 과연 가능할지 생각해보라.

사람들에게 무엇보다 필요한 것은 매일 반복하는 일상의 정리가 아니라, 한 번에 완벽하게 끝내는 축제의 정리다. 그런데 안타깝게도 많은 사람들이 축제의 정리를 하지 않은 채, 창고 같은 방에서 매일 정리에 쫓기며 생활하고 있다. 열심히 정리를 해도 정리가 안 되는 그런 생활을 10년, 20년 동안이나 하고 있는 것이다.

이 같은 축제의 정리를 하지 않는 한, 일상의 정리는 절대 불가능하다. 축제의 정리를 한 번 끝내면 이후 의식적으로 정리를 해야 한다는 생각을 갖지 않게 된다.

내가 정리를 '축제'라고 하는 이유는, 정리는 설레는 기분으로 짧은 기간에 끝내는 것이 중요하기 때문이다. 매일 축제 기분으로 지낼 수는 없는 일이니 말이다.

'물건은 거의 매일 사게 되는데, 축제처럼 정리를 해봤자 어느새 물건이 넘쳐 다시 지저분해지지 않을까' 하고 걱정하는 사람도 있을 것이다. 하지만 일단 축제의 정리를 마친 후에는 사용한 물건을 제자리에 두고, 새로 구입한 물건의 자리를 정하는 것은 그리 어려운 일이 아니므로 이후 정리된 상태가 유지된다.

중요한 것은 한 번 완벽한 상태를 경험하는 것이다. 정리는 1회로 충분하므로 자신이 갖고 있는 물건 하나하나에 대해 버릴지 남길지를 구분하고, 남긴 물건들의 자리를 정한다.

'나는 정리를 제일 못한다.'

'나는 선천적으로 정리를 못하는 인간이다.'

오랫동안 그렇게 믿어왔던 사람들도 완벽히 정리된 방을 보면, 그 순간 부정적인 자아상이 깨끗이 사라지는 것을 경험할 수 있다. '나도 할 수 있다'는 자신감을 갖게 되고 자아상의 극적 변화를 경험함으로써, 이후 자신의 행동에 변화를 가져와 인생 자체가 달라지는 것이다.

정리는 절대 어렵지 않다. 다루는 대상이 물건이기 때문이다. 물건을 버리거나 움직이는 것 자체는 간단한 일이다. 누구나 할 수 있다.

게다가 정리에는 반드시 최종점이 있다. 자신이 갖고 있는 물건들에게 자기 자리를 정해주는 순간이 최종점이다. 또 일이나 공부, 운동과 달리 남과 비교할 필요가 없기 때문에 기준은 항상 자신이다. 누구나 정리만 하면 최고의 자신을 경험할 수 있다. 그리고 더 이상 정리를 지속할 필요가 없다. 물건의 위치는 한 번 정하면 그것으로 충분하다.

실제로 나는 현재 방 정리를 하지 않는다. 이미 정리되어 있기 때문이다. 내가 일부러 마음먹고 정리를 하는 것은 1년에 겨우 한두 번뿐이고 1시간 정도밖에 걸리지 않는다.

매일같이 정리를 해도 정리되지 않았던 십대 시절에서 벗어나, 이제는 평온하고 행복하게 생활하고 있다. 깨끗한 공기가 흐르는 조용한 공간에서 따뜻한 허브티를 마시며 그날 하루를 돌아보는 행복한 시간을 보내고 있다. 벽에는 내가 좋아하는 그림이 걸려 있고, 방 한쪽에는 아름다운 꽃이 꽃병에 장식되어 있다. 그리 넓지 않아도 마음 설레는 물건들로 채워진 방에서 보내는 생활이 나에게는 큰 행복이다.

당신도 그런 생활을 해보고 싶지 않은가? 올바른 정리법만 익히면 누구나 할 수 있다.

PART 2

죽어도 못 버리는
사람들을 위한
버리기 원칙

09
정리의 1단계는 버리기

정리의 시작은
버리기다

깨끗이 정리해도 사흘만 지나면 대개 다시 어지럽혀진다. 그 사이 물건까지 늘어 더욱 어수선해지기도 한다. 앞서 말했듯이 '정리 리바운드'가 반복되는 이유는 잘못된 방법으로 어중간하게 정리했기 때문이다.

정리 리바운드의 악순환에서 벗어나기 위한 방법은 하나다. 정리를 효율적으로 한 번에, 가능한 짧은 기간에, 그리고 완벽하게 해버리는 것이다.

그렇다면 왜 '한 번에, 짧은 기간에, 완벽히' 정리하는 것이 올바른 정리 방법일까?

정리를 완벽하게 하면 눈앞의 광경이 180도로 달라진다. 자신이 사는 세계가 순식간에 바뀌어버린 것처럼 압도적이고 극적인 변화를 경험하게 된다. 게다가 그 변화에 감동하면서 결심을 새로이 하게 된다. '두 번 다시 어지럽혀진 방에서 지내고 싶지 않다'고 말이다.

중요한 것은 의식이 바뀔 정도의 충격을 실감하기 위해서는 짧은 기간에 변화가 일어나야 한다는 것이다. 조금씩 오랜 기간에 걸쳐 이루어지면 효과가 없다.

'한 번에' 변화가 이루어지기 위해서는 효율적으로 정리해야 한다. 정리할 때 우물쭈물하면 아침부터 시작했는데도 어영부영하다 저녁이 되고, 그런데도 방은 조금도 바뀌지 않게 된다. 시간은 시간대로 낭비하고 몸은 몸대로 지쳐, 결국 정리 자체가 하기 싫어진다. 이렇게 되면 어중간한 상태에서 정리를 포기하게 되고, 정리 리바운드의 악순환을 끊을 수 없게 된다.

내 정리법에서 정리가 완성되는 기간은, 개인 레슨의 경우 길게 잡아도 반년 정도다. 길다면 길고 짧다면 짧은 시간이겠지만, 어쨌든 일생에서 반년은 절대 길지 않은 시간이다. 반년이 지나 완벽히 정리된 상태를 경험한 후에는 두 번 다시 '정리를 못한다'거나 그로 인해 '쓸모없는 인간이다'라는 고민을 하지 않게 될 것이다.

효율적으로 정리하기 위해 반드시 지켜야 하는 원칙은 절대 정리 순서를 어기지 말라는 점이다. 강조했듯이, 정리에서 필요한 작업은 '버리기'와 '자리 정하기' 두 가지인데, 여기서 반드시 버리기를 먼저 해야 한다. 즉 버리기 작업을 끝낸 후에 다음 작업으로 넘어가야 한다.

버리기 작업이 끝나기 전에 결코 수납을 생각해서는 안 된다. 정리를 쉽게 못하는 원인은 바로 여기에 있다. 버리기를 하는 동안에 '이것은 어디에 둘까', '이 선반에 전부 놓을 수 있을까' 하고 수납에 대해 이런저런 생각을 하다가 물건을 버리는 일을 중단하고 마는 것이다.

정리 요령은 간단하다. '한 번에, 짧은 기간에, 완벽하게' 정리한다. 그리고 '버리기'를 먼저 끝내면 된다.

10
정리의 목적 생각해보기

자신이 원하는 생활부터
머릿속에 그려보자

물건의 수납 장소를 생각하기 전에, 먼저 버리는 것이 중요하지만, 아무 생각 없이 무조건 물건을 버리는 것은 정리 차원에서 전혀 효과적이지 못하다. 누구나 애당초 정리를 하겠다고 생각하게 된 계기가 있을 것이다. 이 책을 읽게 된 데도 반드시 이유가 있을 것이다. 즉 '정리를 해서 무엇을 얻고 싶을까?'를 생각해봐야 한다. '정리의 목적'을 생각해야 하는 것이다.

물건을 버리기 전에 곰곰이 정리의 목적을 생각해보자. 이는 달리 말하면 '이상적인 생활'을 생각해보는 것이기도 하다. 이 단계를 건너뛰고 정리를 시작하면 정리의 진행 속도가 느려지는 것은 물론, 원상복귀될 가능성이 높다.

'깔끔한 공간에서 지내고 싶다'거나 '정리를 잘할 수 있으면 좋겠다'는 생각만으로는 약하다. 좀 더 깊게, 정리의 목적을 생각해 볼 필요가 있다. 이때 정리된 방에서 생활하는 자신의 모습을 떠올릴 수 있을 만큼 구체적으로 생각해보는 것이 좋다.

어느 날 고객 S씨(20대)가 내게 상담하러 와서 이렇게 말했다.

"나는 '소녀' 같은 생활을 하고 싶어요."

그러나 실제로 본 그녀의 방은 놀라울 정도로 지저분했다. 약 12제곱미터(약 4평) 크기의 방에는 붙박이장과 자그마한 크기의 선반 3개가 있었다. 이 정도면 수납 공간이 충분한 편인데도 주위가 온통 물건들로 가득했다. 수납 공간 역시 문이 제대로 닫히지 않을 정도로 물건들이 꽉 차 있고, 대형 수납 박스에는 마치 채소와 고기 패티가 비어져 나온 햄버거처럼 물건들이 밖으로 나와 있었다. 돌출창Bay Window의 레일에는 커튼이 필요 없을 정도로 옷들이 빽빽이 걸려 있고, 침대 위에도 잡동사니가 들어 있는 바구니며 서류가 든 종이봉투로 어지럽게 덮여 있었다.

S씨는 퇴근해서 집에 돌아오면 밤에는 침대 위의 물건을 바닥에 내려놓고 자고, 아침에 일어나면 바닥의 물건을 다시 침대 위에 올려서 공간을 확보한다고 했다. 어떤 면에서 보면 직장 생활 중심의 성실한 생활을 하고 있다고 말할 수도 있겠지만, '소녀'의 생활과는 확실히 거리가 멀었다.

"소녀 같은 생활을 하고 싶다고 했는데, 구체적으로 어떤 생활이죠?"

그러자 S씨는 잠시 생각하더니 이렇게 답했다.

"음, 퇴근해 집에 돌아오면 바닥에 아무것도 놓여 있지 않고, 시야에 물건이 들어오지 않는 호텔 같은 깔끔한 방에서 생활하고 싶어요. 핑크색 커버가 씌워진 침대가 있으면 좋을 것 같아요. 하얀색의 앤티크한 램프를 켜고 샤워를 마친 후 아로마 향초를 켜고 클래식 음악을 들으면서 허브티를 마시는 모습을 떠올려보곤 해요. 요가를 하고 편안한 마음으로 잠이 들 수 있는 그런 생활을 하고 싶어요."

정리하기 전에 이처럼 구체적으로 자신만의 '이상적인 생활'을 상상해보는 것은 중요하다. 상상하기 어렵다거나, 자신이 어떤 생활을 하고 싶은지 모를 경우에는 인테리어 잡지에서 느낌이 오는 사진을 찾아보거나, 모델하우스를 보러 가는 것도 좋은 방법이다. 이런저런 집의 모습을 보면 자신의 취향을 알 수 있게 된다.

실제로 S씨는 정리 레슨을 마친 후, '샤워를 끝내고 아로마 향초와 클래식 음악, 요가를 즐기는 평안한 생활'을 하고 있다. 예전의 바닥이 보이지 않는 지옥 같은 방에서 빠져나와 드디어 소녀 같은 생활을 하게 된 것이다.

그러나 정리 후의 이상적인 생활을 상상해보았다고 해서, 다음 단계인 물건 버리기로 바로 진행하는 것은 이르다. 완벽한 한 번의 정리, 절대 리바운드되지 않는 정리를 위해서라도 좀 더 정리에 대해 생각해봐야 한다.

즉 다음 단계에서는 자신이 '왜 그런 생활을 하고 싶은가?'를 생각해봐야 한다. 앞의 고객의 사례에서 열거한 이상적인 생활을 한 번 떠올려보자. 왜 잠을 자기 전에 아로마 향초를 켜고 싶을까? 왜 클래식 음악을 들으며 요가를 하고 싶을까? '잠을 자기 전에 긴장을 풀고 싶어서' 혹은 '요가로 다이어트를 하고 싶어서' 등의 이유일 것이다. 그러면 왜 잠을 자기 전에 긴장을 풀고 싶을까? 왜 다이어트를 하고 싶을까? '일에서 쌓인 피로를 풀고 싶어서' 혹은 '살을 빼서 예뻐지고 싶어서'일 것이다. 이처럼 자신이 말한 답에 '왜'라는 질문을 최소한 세 번, 가능하다면 다섯 번 정도까지도 반복해보는 것이 좋다.

자신이 이상적이라고 생각하는 생활에 '왜'를 반복 질문해 나가면 단순한 결론에 이르게 된다. 결국 물건을 버리는 것이나 물건을 갖는 것은 전부 자신이 '행복'해지기 위해서라는 것이다. 지극히 당연한 이야기이지만 이를 다시 한 번 스스로 생각하고 깨닫는 것이 중요하다. '왜 정리를 할까?' 정리를 시작하기 전에 이처럼 자신의 이상적인 생활방식을 생각해보자. 그리고 거기서 내린 답을 토대로 물건 버리기와 남기기 단계로 나아가면 된다.

11
물건 버리기 기준

설레지 않는 물건은
과감히 버려라

당신은 어떤 '기준'으로 버릴 물건을 고르는가?

버리기에도 몇 가지 유형이 있다. 물건이 완전히 고장 나서 작동하지 않거나, 세트로 사용하는 물건인데 한 짝이 없어져서 물건이 제 기능을 하지 못하게 되거나, 디자인이 오래된 옷이나 이벤트 기간이 지난 쿠폰처럼 제 시기가 지난 물건은 버리게 된다.

이처럼 버릴 이유가 명확한 물건은 간단히 버릴 수 있다. 하지만 문제는 버릴 이유가 딱히 없는 물건들이다.

쉽게 물건을 버리지 못하는 고민에 대한 해결책으로, 기존 정리법에서는 '1년 동안 쓰지 않았으면 버린다' '임시 보관 박스를 만들어 반년에 한 번 확인한다'는 방식을 제시하고 있다. 하지만 최종적으로 '버릴 물건을 어떻게 고르는가?'라는 측면에서 보면 그 순간 정리의 초점은 크게 빗나가버린다. 기존 정리법에서 알려주는 대로 정리를 하면 결과적으로 효과적인 정리를 할 수 없게 된다는 말이다.

예전에 나는 '버리기 머신'이었다. 열다섯 살 때 『버리는 기술』이라는 책을 읽고 버리기에 눈을 뜬 이후로, 나의 정리 연구는 점점 정도가 심해져서 정리에 대한 호기심을 멈출 수 없게 되어버렸다. 형제의 방이든 학교의 공용 사물함이든 그 어디든 새로운 장소를 찾아 혼자 정리했다. 머릿속은 온통 정리로 꽉 차서 어떤 장소든 정리할 수 있다는 자신감에 넘쳐 있었다.

그때 나의 관심사는 오직 '어떻게 버릴까'였다. 정리에 관한 책이란 책은 전부 섭렵하면서 그 안에 쓰여 있는 온갖 버리기 기준, 이를테면 2년간 입지 않은 옷은 버린다거나, 물건을 하나 사면 하나 버린다거나, 망설여지면 일단 버린다거나 하는 기준으로 물건을 과감히 버렸다. 그렇게 버리기 시작했더니 어떤 때는 한 달에 쓰레기봉투 30장 분량의 물건을 버린 적도 있었다. 하지만 아무리 버려도 집도 방도 도무지 깨끗해지지 않았다. 오히려 스트레스를 받아 물건을 더 사들였다. 그러니 당연히 물건은 줄지 않았다.

버리기에 대한 집착은 더욱 심해져, 집에 있는 내내 뭔가 버릴 물건은 없는지, 불필요한 물건은 없는지 정리 '훼방꾼' 같은 물건을 찾아내기에 온 신경을 곤두세웠다. 쓰지 않는 물건을 발견하기라도 하면 '이런 곳에 있었군' 하고 가차 없이 쓰레기봉투에 던져 넣었다. 그렇게 버리기에 집착을 하다 보니 방에 있어도 신경이 날

카로워져서 편히 쉴 수가 없었다.

그러던 어느 날 평소처럼 정리를 하려고 방문을 열었는데, 여전히 어수선한 방의 모습에 머릿속이 하얘지며 그 순간 '더 이상 정리 같은 것은 하고 싶지 않아' 하는 생각이 들었다. '3년간 그렇게 물건을 버렸는데도 왜 줄지 않을까?' 최악의 기분으로 방 한가운데 팔짱을 끼고 앉아 '이렇게 열심히 정리하는데 왜 정리가 안 되는 거지? 누가 좀 가르쳐줘!'라는 생각만 거듭했다. 그때 문득 방 안에서 '물건을 잘 봐' 하는 소리가 들리는 듯했다. 그러고는 생각에 지친 나머지 이내 기절하고 말았다.

내가 조금 더 현명했더라면 이런 식으로 '정리 노이로제'에 걸리지는 않았을 것이다. 무조건 버리기만 생각하고 정리를 하면 그때의 나처럼 불행해진다. 정리를 통해 가려내야 할 것은 버릴 물건이 아니라 '남길 물건'이다.

나는 그때 머릿속에 스치듯 떠올랐던 '물건을 잘 봐'라는 말을 곰곰이 생각했다. 그리고 그 진정한 의미를 깨닫게 되었다. 그 전까지 나는 버릴 물건에만 주목해서 진짜 소중히 해야 할, 남길 물건을 전혀 의식하지 않았던 것이다.

물건을 고르는 기준에 대해 내가 내린 결론은 이렇다.

'만졌을 때 설레는가'.

물건을 하나하나 만져보고 가슴이 설레는 물건을 남기고, 설레지 않는 물건을 버린다. 이것이 물건을 골라내는 가장 간단하고도 명쾌한 방법이다.

혹자는 이 기준이 너무 애매하다며 고개를 갸웃거릴 수도 있을 것이다. 책을 읽는 것만으로 이 기준을 이해하는 것은 무리가 있을 듯하다. 핵심은 반드시 그 물건을 만져야 한다는 것이다. 예를 들어, 옷장 문을 열고 걸려 있는 옷을 보면서 '음, 전부 설레네' 하고 넘겨버리면 안 된다. 옷 하나하나를 손으로 만져보는 것이 중요하다. 물건을 만졌을 때의 몸의 반응을 잘 생각해보면, 물건에 따라 확실히 다른 반응이 느껴진다는 것을 알 수 있다. 속는 셈치고 한 번 해보라. 그러면 직접 알 수 있을 것이다.

애당초 우리는 무엇을 위해 정리하는 것일까? 결국 방이든 물건이든 자신이 '행복'해지기 위해서 정리를 한다. 그것이 아니라면 정리는 의미가 없다. 그러므로 물건을 버릴지, 남길지를 구분할 때도 '물건을 갖고 있어서 행복한가', 즉 '갖고 있어서 마음이 설레는가'를 기준으로 구분해야 한다.

마음이 설레지 않는 옷을 입고 행복할까? 설레지 않는 책들을 쌓아둔다고 행복을 느낄 수 있을까? 절대 착용하지 않을 장신구를 갖고 있는 것으로 행복한 순간이 찾아올까? 아마 많은 사람들이 그렇지 않다고 답할 것이다.

마음이 설레는 물건만으로 채워진 자신의 공간과 생활을 상상해보자. 그것이 바로 자신이 누리고 싶은 이상적인 생활이 아닐까? 마음이 설레는 물건만 남기고, 나머지는 전부 과감히 버리자. 그 순간부터 당신에게 새로운 인생이 시작될 것이다.

12
장소별 버리기 vs 물건별 버리기

물건별로 한곳에 모아놓은 후
버릴지를 결정하라

'설렘'을 기준으로 물건을 버릴지 혹은 남길지를 구별하는 작업은 정리 과정에서 가장 중요한 단계다. 그렇다면 이 기준으로 물건을 줄이기 위해서는 구체적으로 어떻게 해야 할까?

우선, 절대 해서는 안 되는 일이 '장소별'로 물건을 버리는 것이다. 침실의 물건을 정리한 후에 거실을 정리한다거나, 서랍 속 물건을 위 칸부터 차례로 정리한다거나 하는 것은 아주 잘못된 방법이다. 애초 수납 공간이 유형별로 나뉘어 있는 집은 극히 드물기 때문이다. 대부분의 가정에는 같은 종류의 물건이라도 두 곳 이상의 장소에 물건이 분산되어 있다.

장소별로 물건을 버리는 작업을 시작할 경우, 침실 옷장에 수납한 자신의 옷을 구분하는 작업을 끝냈어도 다른 방의 수납 공간에 또 몇 벌의 옷이 섞여 있거나, 거실 의자에 상의가 걸린 채 있거나 하는 식으로, 이후에 같은 유형의 물건이 여기저기서 출몰하는 상황이 자주 일어난다. 그러면 물건을 버릴지, 남길지를 판단하는 작업과 이후 수납하는 과정에서 몇 배로 힘이 들고 시간도 많이 걸린다. 이처럼 몇 번이고 물건들이 계속 튀어나와 버리면 무엇보다 정리할 의욕을 잃을 수 있으므로 물건은 절대 장소별로 버려서는 안 된다.

즉 효과적인 정리를 위해 반드시 '물건별'로 버리기를 해야 한다. 같은 유형의 물건을 전부 모아놓고 한 번에 버릴지 혹은 남길지를 판단하는 것이다.

옷을 정리할 경우, 먼저 집 안의 수납 공간에 있는 자신의 옷을 하나도 남김없이 꺼내어 한곳에 쌓는다. 그리고 그 옷들을 하나하나 만져보며 설레는지, 그렇지 않은지를 판단하여 설레는 옷만 남긴다.

옷의 양이 과도하게 많은 경우는 상의, 하의, 양말, 속옷 등과 같이 카테고리를 세분화해서 구분하면 된다.

옷을 한곳에 모으는 이유는, 무엇보다 지금 자신이 어느 정도의 옷을 갖고 있는지 정확히 인식할 필요가 있기 때문이다. 쌓인 옷을 본 사람들 대부분은 '내 옷이 이렇게 많았나?' 하고 예상외로 충격을 받곤 하는데, 자신이 상상했던 양보다 2배 정도 많은 경우가 보통이다. 또한 똑같은 디자인의 옷을 여러 벌 갖고 있는 경우, 옷을 한곳에 모아놓으면 쉽게 비교할 수 있어서 버리기와 남기기의 판단을 수월하게 할 수 있게 된다.

물건을 수납 공간에서 꺼내어 바닥에 펼치는 작업은 그 자체로 의미가 있다. 물건이 서랍에 수납되어 있는 상태는 '물건이 잠자고 있는 상태'라고 할 수 있다. 그러면 물건을 보고 설레는지 어떤지 판단하기 어렵다. 수납 공간에서 꺼내어 공기에 접촉시킴으로써 물건을 깨우면 자신의 감각도 명확해진다.

똑같은 유형의 물건을 모아 한 번에 판단하는 것은 짧은 시간에 효율적으로 정리하는 데 가장 핵심적인 과정이다.

13
물건 버리는 순서

추억의 물건은
가장 나중에 버려라

'오늘은 정리의 날!' 하고 마음먹고 정리를 시작했는데, 어느새 정신을 차려보면 제대로 정리하지도 못한 채 날이 저물기 일쑤다. 놀라서 시간을 확인하고 좌절감에 빠져 있을 때, 앞에 널려 있는 것을 보면 대개 앨범이나 만화책 같은 '추억의 물건'이다.

앞에서, 버리기는 장소별이 아닌 물건별로 하고, 같은 유형의 물건을 모아서 한 번에 판단하는 것이 요령이라고 말했다. 하지만 그렇다고 종류에 상관없이 아무 물건이나 먼저 정리를 시작해서는 안 된다. 물건을 남길지와 버릴지를 판단하는 데도 '난이도'가 있기 때문이다. 정리를 끝내지 못한 채 도중에 중단하는 사람들의 이야기를 들어보면, 대개 버릴지 남길지 판단하기 어려운 난도 높은 물건부터 정리하기 시작했음을 알 수 있다. 사진 같은 추억의 물건은 정리 초보자가 처음에 손을 대서는 안 되는 물건이다. 양이 많은 데다 남길지 버릴지를 선택하기가 매우 어렵기 때문이다.

물건에는 물체로서의 가치 외에 '기능', '정보', '감정'이라는 세 가지 가치가 있다. 여기에 '희소성'이라는 요소가 더해지면서 버리기의 난이도가 정해진다. 즉 물건을 버리지 못하는 것은 아직 쓸 수 있거나(기능적 가치), 유용하거나(정보 가치), 추억이 있기 때문이다(감정적 가치). 또 물건을 손에 넣기 어려웠거나 그것을 대체하기가 어려우면 더욱 버리기 어렵다(희소가치).

따라서 물건을 남길지 혹은 버릴지를 판단할 때는, 처음에 난도가 낮은 물건부터 시작해서 정리에 대한 판단력을 단계적으로 높여 나가야 한다.

옷의 경우, 일반적으로 희소성이 낮아서 버리기 난도가 낮기 때문에 처음에 정리하기에 적합하다. 반면에 사진이나 편지 같은 추억의 물건은 감정적인 가치뿐만 아니라, 희소가치도 높아서 버리기 난도가 높기 때문에 마지막에 정리하는 것이 좋다. 특히 사진의 경우 미처 생각하지 못했던 곳, 즉 책이나 서류 틈 같은 장소에서 나오는 경우가 많기 때문에 가장 마지막에 버리는 것이 좋다.

무리 없이 버릴 수 있는 물건의 종류를 난이도에 따라 열거해보면 의류, 책, 서류, 소품, 추억의 물건 순이라고 할 수 있다. 이 순서대로 버리면 효율적으로 정리할 수 있다. 나의 정리 경험을 바탕으로 만든 이 순서는, 버리는 난이도뿐만 아니라 이후 수납의 난이도까지 고려해서 내린 결론이다.

이 순서대로 정리하면 물건을 만졌을 때, 마음이 설레는지 어떤지 물건에 대한 감각을 자연스럽게 키울 수 있다. 물건을 버리는 순서를 바꾸는 것만으로도 남기느냐 버리느냐의 판단 속도가 빨라진다.

14
물건 늘리지 않는 요령

버릴 물건을
가족에게 보이지 마라

나의 정리법에 따라 한 번에 버리는 작업을 하다 보면 대개 쓰레기 봉투가 산더미처럼 쌓이게 된다. 이때 재해 대피 요령만큼이나 주의해야 할 사항이 하나 있다. 다름 아닌 물건을 버리지 못하게 하는 애정 넘치는 '가족'의 등장이다.

고객 M씨(20대)의 집에서도 이 같은 사건이 일어났다. 4인 가족인 M씨는 초등학생 때 이사한 이후로 지금껏 같은 집에서 15년을 살았다. M씨는 옷을 좋아해서 학창 시절 때 입던 교복과 체육대회 때 입던 티셔츠 등도 갖고 있었다. 그녀는 옷을 포함한 오래된 다른 물건들을 종이박스에 수납해 보관하고 있었다. 하지만 박스를 방 이곳저곳에 놓아두어 방바닥이 거의 보이지 않을 정도였다. 그 박스의 내용물만 정리하는 데 5시간이나 걸렸다.

M씨의 집을 방문한 날, 그녀의 방에서 나온 옷은 쓰레기봉투 8장 분량이었고, 책 200권, 헝겊인형, 어렸을 때 만든 작품 등 버릴 물건들은 모두 모으니 쓰레기봉투 15장 분량이나 되었다. 방바닥이 겨우 보이게 된 방문 옆에 버릴 물건이 가득 담긴 쓰레기봉투와 종이박스 등을 모아두고 나는 이렇게 말했다. "M씨, 마지막으로 물건을 버릴 때 주의할 점을 하나 알려드릴게요. 절대……."

그렇게 말을 꺼내는 순간, 문이 벌컥 열리면서 M씨의 어머니가 쟁반에 보리차를 갖고 들어왔다. 그녀의 어머니는 "어머나, 너무 깨끗해졌네"라며 놀라움을 감추지 못했다.

하지만 나는 내심 '골치 아프겠군' 하는 생각과 함께 조바심이 났다. M씨의 어머니는 테이블에 쟁반을 내려놓더니, "우리 딸이 신세를 많이 지네요" 하고 인사를 하고는 방을 둘러보았다. 그러다 "어머나!" 하며 방문 쪽에 시선이 멈췄다. 물건이 가득 담긴 쓰레기봉투 더미를 본 것이다. 그러고는 어머니는 쓰레기봉투 위에 세워두었던 핑크색 요가 매트에 관심을 보였다.

"너, 이거 버릴 거니?"

"네, 2년간 거의 쓰지 않았거든요."

"그래? 그럼 엄마가 써야겠다. 이것도……."

쌓아둔 쓰레기봉투를 부스럭거리며 뒤지기 시작한 어머니는 결국 요가 매트 말고도, 스커트 2장과, 블라우스 2장, 재킷 2장, 문구용품 몇 개 등을 꺼내 갖고는 순식간에 방 밖으로 사라졌다.

나는 조용해진 방에서 M씨와 보리차를 마시다가 물었다.

"어머니는 요가를 얼마나 자주 하세요?"

"어머니가 요가를 하시는 모습을 한 번도 못 봤어요"

사실, 조금 전 M씨에게 당부하려던 말은 바로 '버릴 물건은 절대 가족에게 보이지 말라' 는 것이었다. 쓰레기봉투는 가능한 자신이 직접 버리고, 무엇을 얼마나 버렸는지에 대해서는 자세하게 가족에게 가르쳐줄 필요가 없다. 특히 부모님께는 절대 보여서는 안 된다. 자녀가 버리는 쓰레기 더미를 보는 것은 부모 입장에서는 스트레스가 되기 때문이다. '저렇게 버리고는 괜찮을까?' 하는 불안은 물론이고, 옛날에 사준 인형이나 옷 등의 물건이 버려지는 것을 보면, 자녀의 자립과 성장이 기쁜 일이라는 것을 알면서도 서운한 마음이 드는 것은 어쩔 수 없기 때문이다.

부모님께 버리는 물건을 보이지 않는 것은 배려의 의미도 있지만, 무엇보다 가족의 물건을 늘리지 않기 위해서도 중요하다. 지금까지 자신 이외의 다른 가족이 그 버릴 물건을 갖지 않은 상태로 살아왔어도 전혀 불편하지 않았을 것이다. 그럼에도 버릴 물건을 본 순간 아깝다는 생각이 들어 결국 다른 가족이 떠맡아 불필요한 물건을 늘리게 되는 것이다.

이 사례는 딸의 물건을 어머니가 떠맡은 경우인데, 나중에라도 어머니가 딸의 옷이나 물건을 활용할 기회는 거의 없다. 50대, 60대 고객의 정리 레슨을 할 때에도 보면, 그들이 딸한테 받은 옷은 결국 거의 입지 않고 버리는 경우가 대부분이다. 자녀를 생각하는 애정이 도리어 어머니의 부담이 되는 사태는 가능한 피해야 한다.

자신이 쓰지 않는 물건을 다른 가족이 활용하는 것 자체는 나쁜 일이 아니다. 앞의 사례처럼 가족이 함께 사는 경우에는, 다른 가족에게 "머지않아 살 예정이 있는 물건 있어요?"라고 물어보는 것이 좋다. 정리하기 전에 말이다. 그리고 버리는 중간에 그 물건을 발견했을 때에만 가족에게 선물하면 된다. 단, 버리기를 마친 후에는 절대로 가족에게 버릴 물건을 보여서는 안 된다.

15
정리 못하는 가족에게 대처하는 법

가족 물건을
먼저 버리는 것은 금물!

.

"내가 열심히 정리해도 다른 가족이 어지럽혀요."

"남편이 물건을 버리는 것을 싫어해요. 어떻게 하면 버리게 할 수 있을까요?"

정리가 안 된다는 사람들의 고민 중에는 깔끔하게 정리된 이상적인 집을 만들고 싶어도, 같이 사는 가족이 정리를 하지 않아 어렵다는 의견이 많다. 이 문제 때문에 나 역시 많은 실패를 반복했다. 정리에 너무 몰두했던 학창 시절, 나는 내 방뿐만 아니라 오빠와 여동생의 방, 가족 공간까지 깨끗이 정리하지 않으면 직성이 풀리지 않았다. 무엇보다 항상 '정리하지 못하는 가족' 때문에 짜증이 났다.

가족과 관련하여 가장 큰 고민을 불러일으켰던 것은 집의 중심에 있는 워크인 클로짓walk-in closet(사람이 직접 출입하여 물품을 꺼내거나 보관할 수 있는, 드레스룸 개념의 수납실)이었다. 이 수납실은 가족 공용으로 사용했는데, 내 눈에는 그 안에 보관된 물건 중에 절반 이상이 필요 없어 보였다. 한 번도 입는 것을 보지 못한 엄마의 옷과, 한눈에도 스타일이 오래돼서 더 이상 입을 수 없는 아버지의 양복이 빽빽하게 걸려 있고, 바닥에는 오빠의 만화책이 든 박스가 쌓여 있었다.

가족에게 "이거 안 쓰지?" 하고 물어봐도, 대답은 "아니야, 쓰는 거야", "다음에 버릴 거야" 하는 말뿐이었다. 그러나 아무리 시간이 지나도 그 물건을 버릴 기미는 보이지 않았다. 나는 '집을 깨끗이 하려고 이렇게 애를 쓰는데, 왜 가족들은 필요 없는 물건을 쌓아두기만 할까?'라는 생각만 들었다. 나중에는 워크인 클로짓을 볼 때마다 한숨이 나왔다.

하지만 정리로 인해 변화될 생활을 꿈꾸고 있는 이상 이대로 포기할 수는 없다고 생각했다. 짜증이 절정에 이르렀을 무렵, 내가 취한 전략은 '가족 몰래 버리기'였다. 먼저 물건의 디자인이나 먼지가 쌓인 상태, 냄새를 기준으로 오래된 물건을 구분했다. 그리고 그것들을 일단 클로짓 안쪽 깊숙한 곳에 이동시키고 상황을 지켜보았다. 이후 가족들이 물건이 없어진 것을 깨닫지 못하면 조금씩 솎아내듯이 몰래 물건을 버렸다. 이 방법을 3개월 정도 계속하며 생각해보니, 그동안 쓰레기봉투 10장 분량이 넘는 물건을 버린 것 같았다. 대개의 경우는 이런 방법을 쓰면 물건을 버려도 가족이 전혀 눈치채지 못한다. 나 역시 한동안은 평온한 날을 보낼 수 있었다. 다만, 내 경우처럼 물건을 많이 버리면 가족이 하나둘 없어진 물건에 대해 눈치채기 마련이다.

그러나 없어진 물건 때문에 가족에게 지적을 받았을 때도 나는 전혀 기죽지 않았다. "그 재킷 어디 갔니?" 하고 물으면, "난 몰라" 하고 시치미를 뗐다. "네 멋대로 버린 건 아니니?" 하고 따져도, 일단 "안 버렸어요" 하고 모른 척했다. 만일 "그래, 그럼 어딘가 있겠지" 하고 가족이 포기하는 수준이면, 버려도 문제없는 물건이라고 생각했다. 반면에 "분명 여기 있을 텐데, 내가 두 달 전에도 봤어" 하고 더 이상 얼버무릴 수 없게 다그치면, "어차피 안 쓰는 물건이니까 상관없잖아" 하고 정색을 했다.

남의 물건을 멋대로 버렸으면서도 반성은커녕 '버리지 못하는 가족을 대신해 내가 버려줬다'며 고개를 빳빳이 세웠다. 지금 생각하면 정말 오만하기 짝이 없었다. 당연히 나는 호되게 야단맞았다. 그리고 결국 '정리 금지령'이 내려졌다.

물론 지금의 나는 가족의 물건을 마음대로 정리해서는 안 된다고 조언한다. 남의 물건을 멋대로 버리는 것은 두말할 나위 없이 비상식적인 행동이기 때문이다. 예전에 내가 했던 몰래 버리는 방법은 가족이 눈치채지 못하는 경우도 많지만, 그것이 들통 났을 때 가족의 신뢰 관계에 금이 간다는 것을 생각하면 위험도가 높다. 애당초 인간적으로 잘못된 행동인 것이다.

만약 가족이 정리할 수 있도록 해주고 싶다면 다음과 같은 너그러운 방법을 한번 활용해보자. '정리 금지령'이 내려진 후, 내 방 이외에 정리할 장소가 없어진 나는 별 수 없이 다른 곳의 정리는 포기하게 되었다. 그러면서 내 방 안의 물건을 다시 둘러보게 되었는데, 순간 의외의 사실을 깨달았다. 내 옷장 안에도 역시 한 번도 입지 않은 셔츠와, 더 이상 입을 수 없는 낡은 스타일의 스커트가 남아 있고, 책장에도 읽지 않는 책들이 많이 꽂혀 있다는 사실이었다. 가족에게 버리지 못한다고 불평을 늘어놓았지만 나 역시 다른 가족과 똑같았던 것이다. 이에 나는 한동안은 우선 내 물건 정리에만 집중하기로 했다. 아직 다른 사람의 정리 상태를 지적할 만한 단계가 아니라고 생각되었다.

그로부터 2주일쯤 지났을까? 가족에게 차츰 변화가 일어나기 시작했다. 그렇게 불만을 말해도 물건을 버리기를 거부했던 오빠가 책을 한 번에 정리한 것이다. 그때 처분한 책만 해도 200권이 넘는다. 그러자 어머니와 여동생도 조금씩이지만 옷과 소품을 비롯해 자신이 갖고 있는 물건을 확인하고 버리게 되어, 이전에 비해 집이 깨끗이 정리된 상태를 유지할 수 있게 되었다.

이것이 바로 '정리하지 못하는 가족'에 대한 최고의 대처법이다. 자신의 물건을 묵묵히 버리면서 정리하는 것, 바로 그것이 요령이다. 자신이 그렇게 정리하면 뒤따르듯이 가족이 스스로 물건을 줄이기 시작하고 정리하게 된다. 당신이 굳이 "정리해!", "왜 이렇게 어지럽혔어" 하고 말하지 않아도 된다. 신기하게도 누군가 정리를 시작하면 연쇄반응을 일으켜 주위 사람도 정리를 하게 된다.

또한 자신이 물건을 묵묵히 정리하면, 가족이 어느 정도 어지럽혀도 신경 쓰이지 않게 된다. 나도 내 공간을 정리해서 만족하게 되자, 이전처럼 다른 가족의 물건을 버리고 싶은 생각도 안 들고, 공동으로 사용하는 거실이나 욕실이 어지럽혀졌어도 짜증내지 않고 정리할 수 있게 되었다. 이러한 변화는 나뿐만 아니라 많은 고객들이 겪은 것이다.

정리하지 못하는 가족에게 짜증이 난다면, 우선 자신의 물건이 수납되어 있는 공간부터 자세히 확인해보자. 반드시 버려야 할 물건을 발견할 수 있을 것이다. 남이 정리하지 못하는 것을 지적하고 싶은 것은, 근본적으로 자신의 정리가 완벽하지 못하다는 것을 말해준다. 즉 물건을 버릴 때는 '자기 물건'부터 시작하자. 공용 공간은 나중에 정리해도 되니, 우선 자신의 물건에만 집중하자.

16
내 물건을 가족에게 떠넘기지 않기

내가 쓰지 않는 물건은
가족도 잘 안 쓴다

나에게는 세 살 어린 여동생이 있다. 동생은 밖에 나가서 친구들과 활동하기보다는 집에서 그림을 그리거나 책 읽는 것을 좋아하며, 낯가림이 심하고 소극적이다. 그런 동생은 어렸을 때부터 내 정리 연구의 가장 좋은 실험 대상이었다. 한마디로 내 정리로 인한 피해자였다.

학생 시절부터 뭐든 '버리기'에 중점을 둔 나였지만, 그래도 늘 쉽게 버리지 못하는 물건들이 있었다. 예를 들면 사이즈가 맞지 않지만 아주 좋아하는 옷이 그것이다. 몇 번이나 거울 앞에서 입어봐도 잘 맞지 않지만 너무 좋아하는 옷이라 포기할 수 없고, 더욱이 부모님이 선물로 사준 것이라 버릴 수가 없었다.

그럴 때마다 내가 사용하는 방법은 여동생에게 선물해서 정리하는 것이었다. 선물이라고는 하지만 예쁘게 포장을 해서 주는 것도 아니고, 그저 버리지 못하는 옷을 손에 들고 동생 방으로 가서 "이 티셔츠 안 입을래? 입고 싶다면 줄게" 하고 물었다. 갑작스러운 질문에 당황하는 여동생에게 "아직 새 거고 디자인도 귀여워. 그래도 네가 싫다면 지금 버리려고. 그래도 돼?" 하고 다그치며 결단을 재촉하기까지 했다. 내가 그렇게 강하게 나가면 소극적인 여동생은 "알았어, 내가 입을게" 하고 대답하곤 했다.

매번 이런 식이다 보니, 여동생의 옷장은 새 옷을 사지 않아도 항상 옷으로 넘쳐났다. 물론 동생이 내가 준 옷을 입는 경우도 있었지만, 대개는 거의 입지 않는 경우가 많았다. 그래도 나는 버리기 어려운 옷이 생길 때마다 동생에게 그것을 '선물'했다. 옷 상태나 디자인 자체도 나쁘지 않았고, 옷은 한 벌이라도 많은 것이 기분 좋을 것이라고 생각했기 때문이다.

그러나 이후 정리 컨설턴트로 일하기 시작하고 나서, 나의 그런 생각이 크게 잘못된 것임을 깨달았다.

화장품 회사에 다니는 고객 K씨(20대)로부터 컨설팅을 의뢰받아 옷 정리를 하고 있을 때였다. 열심히 옷을 만져보며 버릴 옷을 고르는 K씨를 보면서, 뭔가 신경이 쓰이고 의아한 생각이 들었다. 그녀가 갖고 있는 옷은 큼직한 옷장 하나에 수납되어 있을 정도로 결코 적지 않은 양이었는데, 남기는 옷의 양이 예상외로 너무 적었다. 이에 내가 "설레나요?" 하고 물으면, 대부분 "아니요"라고 대답하고는 그 옷을 버렸다.

자세히 보니, K씨는 티셔츠 등의 캐주얼한 옷차림이었는데, 그녀가 "설레지 않는다"고 대답한 옷들은 거의 타이트한 스커트나, 가슴이 파인 원피스처럼 전혀 캐주얼하지 않은 옷들이었다. 짐작이 가는 바 있어 그녀에게 옷의 주인을 물어봤더니, "전부 언니한테 받은 거예요"라고 대답했다.

옷 고르기를 끝낸 후 K씨는 "지금까지 내가 좋아하지도 않는 물건들에 둘러싸여 있었구나"라며 중얼거렸다. 그도 그럴 것이 K씨가 갖고 있던 옷의 30퍼센트 이상이 언니한테 물려받은 것이었다. 그중에서 설레는 것으로 남겨진 옷들은 얼마 되지 않았다. 언니에게 받았기 때문에 어쩔 수 없이 입었던 것이지, 대부분 마음에 들지 않았던 것이다. 생각할수록 씁쓸하고 슬프기까지 했다.

K씨뿐만 아니라, 여동생인 사람들이 그렇지 않은 사람들에 비해 옷을 버리는 양이 많다. 이는 어렸을 때부터 옷을 물려 입으면서 자란 것과 관계 있다. 동생들이 옷이 많아지게 되는 이유는 두 가지로 정리해볼 수 있다. 하나는 가족으로부터 받은 것이라서 버리지 못한 채 옷이 쌓였기 때문이고, 또 하나는 자신의 설렘의 기준이 명확하지 않아서 망설이다가 옷들을 버리지 못했기 때문이다. 옷을 물려 입게 되면 새 옷을 살 기회가 적어지기 때문에, 자신의 기준으로 옷을 고르는 능력이 약해지기 마련이다.

'후물림'이라는 행위 자체는 좋은 풍습이다. 무엇보다 경제적일 뿐더러 자신이 활용하지 않는 물건을 가까운 사람이 소중히 사용해주기 때문이다. 하지만 자신이 버리지 못하기 때문에 가족에게 주는 것은 생각해볼 문제다.

나의 여동생도 내게 말은 하지 못했지만 매번 석연찮은 기분으로 옷을 받았을 것이다. 내가 한 일은 선의를 가장해 물건을 버리는 죄책감을 다른 사람에게 떠넘긴 것뿐이다.

따라서 자신에게 필요 없는 옷을 줄 경우는, "줄게" 하고 무조건 내밀거나 "네가 안 입으면 버릴 거야" 하고 재촉하지 말고, 미리 상대방에게 갖고 싶은 스타일의 옷을 물어본 후에 조건에 맞는 것만 보여주어야 한다. 즉 다른 가족이 불필요한 물건을 떠안지 않도록 배려하는 것이 중요하다.

17

정리할 때의 마음가짐과 환경도 중요하다

"곤도 마리에 씨, 우리 폭포수 맞으러 가지 않을래요?"

어느 날 고객이 갑작스럽게 전화를 했다. 그녀는 74세의 고령에도 불구하고 경영자로서 왕성하게 활동하고 있는 한편, 스키와 산행을 취미로 즐길 정도로 건강한 생활을 하고 있는 여성이었다. 그녀는 10년간 폭포수 맞기를 해왔는데, 폭포를 맞으러 산에 가는 것을 마치 가까운 목욕탕에 가는 것처럼 쉽게 생각하는 듯했다. 폭포수 맞기의 베테랑인 만큼, 그녀가 찾아가는 곳은 초보를 위한 장소는 아니었다.

약속한 날 우리는 숙소에서 묵다가, 폭포수를 맞기 위해 오전 여섯 시에 숙소에서 나와 길도 없는 산속으로 깊이 들어갔다. 얼마쯤 걸었을까. 울타리를 따라 산을 기어오르고, 깊이가 무릎 아래까지 오는 다리도 없는 강을 건너며 고된 산행을 한 끝에, 인기척이 없는 곳에 자리한 어느 맑은 폭포수가 떨어지는 웅덩이에 도착했다.

갑자기 이런 이야기를 꺼낸 이유는 폭포수를 맞는 것과 정리에는 공통점이 있기 때문이다. 폭포수를 맞는 동안에는 '솨' 하고 떨어지는 엄청난 크기의 물소리밖에 들리지 않는다. 온몸으로 맞는 물의 세기로 처음에는 통증이 느껴지지만, 이내 무감각해지면서 몸이 따뜻해지고 명상 상태로 빠져든다. 나는 그날 처음으로 해본 경험이었는데도 친숙하고 평안하게 느껴졌다. 정리를 할 때의 감각과 매우 비슷했기 때문이다.

진지하게 정리를 하다 보면 명상 상태까지는 아니더라도 자신과 조용히 마주하고 있다는 느낌이 든다. 자신이 갖고 있는 물건 하나하나에 대해 어떻게 느끼는지 마주하는 작업은 어찌 보면 물건을 통한 자신과의 대화라고 할 수 있다.

그래서 물건을 구분하는 작업을 하는 동안에는 가능한 조용하고 차분한 환경을 조성하는 것이 좋다. 음악도 틀지 않는 것이 좋다. '음악을 들으며 신나게 버리자'고 제안하는 전문가들도 있지만, 개인적으로는 권하고 싶지 않다. 당연히 텔레비전도 틀지 말자. 소리가 없으면 안절부절못하는 사람이라면 가사가 없고 멜로디가 잔잔한 연주곡을 듣는 것을 추천한다.

물건을 버리는 데 도움이 되는 분위기를 만들고 싶다면 음악의 리듬보다는 공기의 힘을 빌려야 한다. 그래서 이른 아침에 정리를 시작하는 것이 좋다. 아침의 신선한 공기가 사고를 맑게 해서 판단력도 좋아지고 몸도 가볍게 움직이게 하기 때문이다. 나의 정리 레슨도 주로 오전 시간부터 시작한다. 지금까지 했던 레슨 중에 가장 이른 시간에 작업했던 때는 오전 여섯 시였는데, 당시 평소보다 몇 배나 빠르게 정리를 진행할 수 있었다.

참고로, 폭포수를 맞고 난 후의 상쾌함은 정리와 똑같아서 자꾸 머릿속에서 생각나고 다시 가고 싶어진다. 하지만 우리는 굳이 산에 가지 않아도 정리를 통해 집에서 폭포수 맞기와 똑같은 효과를 얻을 수 있다. 그것이 바로 '정리의 힘'이다.

18

버릴 수 없는 물건을 다루는 요령

제 역할이 끝난 물건은
과감히 버려라

"물건을 만진 순간의 설렘으로 남길지 버릴지를 판단하세요."

진지한 태도로 아무리 강조해도, 대부분의 사람들이 물건을 버리지 못한다. 이렇듯 정리할 때 가장 난처한 것이 '설레지는 않지만 버릴 수 없는' 물건이다.

사람들이 물건을 판단하는 방법은 크게 두 가지다. 직감에 의한 판단과 사고思考에 의한 판단이 그것이다. 이때 사고를 잘못하면 문제가 되는데, 직감으로는 '설레지 않는다'는 판단이 섰어도 '언젠가 쓰지 않을까'라는 생각에 결국 물건을 버리지 못한다. 물건을 버리는 데 주저하는 것이 나쁘다는 얘기는 아니다. 그만큼 물건에 대해 애착을 갖고 있다는 것이고, 누구나 직감만으로 모든 것을 판단할 수는 없기 때문이다. 그런 까닭에 '아까우니까 버릴 수 없다'

고 단정 짓지 말고 그 물건과 진지하게 마주해야 한다.

'왜 나는 이 물건을 갖고 있을까? 이 물건이 내게 온 데는 어떤 의미가 있을까?' 하고 말이다.

버릴 수 없다고 생각한 물건에 대해 그 물건의 '진정한 역할'을 생각해보는 것이다. 옷장 안에 거의 입지 않는 옷이 있다면, 그 옷을 한번 떠올려보자. 왜 그 옷을 샀는지 진지하게 생각해본다. 만약 '예쁘다고 생각해서 나도 모르게 샀다'고 가정해보자. 자신이 옷을 산 순간 설레었다면, 그 옷은 결국 사는 순간의 설렘을 안겨주었다는 역할을 한 셈이다. 그렇다면 지금은 왜 그 옷을 입지 않는가를 생각해보자. '입어 보니 생각만큼 어울리지 않아서 입지 않는다'고 답했다면, 그리고 그 결과 비슷한 옷을 사지 않게 되었다면 그 옷은 자신에게 '그런 스타일의 옷은 내게 맞지 않는다'는 것을 가르쳐준 것이다. 그것 역시 그 옷의 중요한 역할인 셈이다.

이렇듯 옷에는 각각 다른 역할이 있다. 모든 옷이 옷치레로 당신의 살림을 망하게 하기 위해 온 것은 아니다. 어찌 보면 물건을 만나게 되는 인연도 사람의 인연과 똑같다. 자신이 만난 모든 사람이 친구가 되고 연인이 되는 것은 아니기 때문이다. 대하기 거북하고 성격이 안 맞는 사람이 있기 때문에, 좋아하는 사람을 더욱 소중히 여길 수 있다.

따라서 '설레지 않지만 버릴 수 없는' 옷의 경우 진정한 역할을 생각해보는 것이 정리에 도움이 된다. 그러면 의외로 많은 옷이 이미 제 역할을 다했다는 것을 깨닫게 될 것이다. 옷들이 다한 역할에 감사하고 버리는 것으로 비로소 옷과의 관계를 '정리'할 수 있다는 것이다.

그런 과정을 거쳐서 남겨진 옷이나 물건은 진짜 자신이 소중히 해야 할 것들이다. 다시 말해 정말 중요한 물건을 소중히 하기 위해서는 역할이 끝난 물건들을 버려야 한다. 물건을 많이 버리는 것이 결코 물건을 소홀히 다루는 것은 아니다. 벽장이나 옷장 안에서 잊힌 존재로 수납된 물건들은 과연 소중히 다루어지고 있는 것일까? 만일 물건에 감정이 있다면 그런 상태가 결코 기쁘지는 않을 것이다. 한시라도 빨리 답답한 곳에서 구출해 '지금까지 고마웠다'고 감사의 마음을 표하고 기분 좋게 해방시켜주자. 정리를 하면 기분이 상쾌해지는 것은 사람이나 물건이나 똑같지 않을까?

PART 3

절대 실패하지 않는
물건별 정리법

19

의류, 책, 서류, 소품, 추억의 물건 순으로 정리

물건 정리에도
순서가 있다

찰칵 하고 문이 열리면, 다소 긴장된 표정의 고객이 "어서 오세요" 하며 나를 맞아준다. 정리 레슨을 위해 처음 고객의 집을 방문할 때는 고객 대부분이 긴장을 한다. 물론 그 전에도 고객과 여러 번 만나서 의논을 하지만, 앞으로 시작될 대장정의 정리 프로젝트를 실행에 옮길 생각을 하면 무의식중에 긴장이 되는 모양이다.

'발 디딜 틈도 없는 우리 집이 정말 깨끗해질까?', '정리 리바운 드되지 않는다는데, 내가 정리 리바운드 1호가 되는 건 아닐까?' 하는 이런저런 생각들로 불안해하는 기색이 역력하다.

하지만 걱정하지 않아도 된다. 정리하기 귀찮아하는 사람도, 집 안 대대로 정리를 못하는 사람도, 바빠서 시간이 없는 사람도 올바른 정리법을 익히면 누구나 제대로 정리할 수 있다.

정리는 즐거운 일이다. 지금까지 의식하지 않았던 자신의 물건과 새롭게 마주하며, 자신의 감각으로 확인하면서 역할이 끝난 물건에게 감사한 마음을 실어 떠나보내는 작업이다. 그 과정은 자신의 내면과 마주하는 일이자, 다시 태어나기 위한 의식과도 같다. 게다가 '설렘'이라는 기준으로 물건을 선택하기 때문에 물건을 버리는 데 어려운 이론이나 숫자 따위도 필요 없다. 그저 쓰레기봉투만 많이 준비하고, 안심하고 정리를 시작하면 된다.

다만, 강조했듯이 '버리는 순서'는 반드시 지켜야 한다. 의류, 책, 서류, 소품, 추억의 물건 순으로 물건을 줄여나가면 놀랄 만큼 쉽게 정리할 수 있다.

이 순서는, 물건을 남길지 버릴지 판단하기 쉽고, 유형이 확실한 물건부터 정리할 수 있도록 돕기 때문에 정리에 가장 효율적이다.

그럼 정리의 첫 단계인 '의류'부터 시작해보자. 정리의 효율성을 높이고 싶다면 카테고리를 세분화해 한 번에 구분하는 것이 좋다. 의류 카테고리는 크게 다음과 같이 구분할 수 있다. 이때 가방과 신발도 의류와 같은 카테고리로 구분해서 정리하는 것이 좋다.

상의(셔츠, 스웨터 등) → 하의(바지, 스커트 등) → 아우터(재킷, 수트, 코트 등) → 양말류 → 속옷류 → 가방 → 소품(머플러, 벨트, 모자 등) → 이벤트 물건(수영복, 목욕 가운 등) → 신발

나의 정리 인생을 통틀어 말하건대, 이 순서대로 정리하면 빠르

게 정리할 수 있다. 또한 남긴다고 판단한 물건은 자신에게 정말로 설레고 소중한 물건이기 때문에, 정리하면서 몸이 피곤하다 해도 마음은 가벼워져서 즐겁게 버릴 수 있게 된다.

중요한 것은 어떤 옷을 '남기는가'다. 어느 옷과 함께 생활하면 인생이 설렐지, 옷가게의 진열장에서 좋아하는 옷을 고르는 느낌으로 옷을 고르도록 한다.

20
의류 정리의 첫 단계

옷은 전부 모은 후
철 지난 옷부터 정리한다

의류를 정리할 때 가장 먼저 할 일은 집 안의 모든 수납 공간에서 자신의 옷을 꺼내는 것이다. 벽장의 서랍, 침실의 옷장, 침대 밑 수납 상자 등 집 안에 있는 옷을 전부 꺼낸다.

고객이 옷을 전부 꺼냈다고 하면, 다시금 확인한다.

"더 이상의 옷은 없나요? 이후에 나오는 옷들은 없는 것으로 할 겁니다."

이후에 다른 장소에서 옷이 또 나오면 그때는 과감히 그냥 버린다는 뜻이다. 내가 그렇게 물으면 고객들은 대개,

"어쩌면 남편 옷장에 있을지 몰라요."

"벽에 걸려 있을지 몰라요."

이렇게 하면서 옷을 찾아내 몇 벌을 추가하곤 한다.

물건을 버리기 전, 마지막으로 버려도 되는지 이렇게 확인을 받으면 고객 스스로 정리 작업에 더 진지하게 임하게 된다. 이런 과정을 통해 고객도 물건을 무조건 버리는 것은 아깝다고 생각하며 진지하게 정리하는 것이다. 내가 질문한 시점에서 떠올리지 못한 옷은 결국 갖고 있어도 입지 않는 것이므로 가차 없이 버리면 된다.

실제로 옷을 한곳에 모으면 상의만으로도 대개 무릎 높이의 산이 만들어진다. 상의라고는 하지만 그 안에 니트, 티셔츠, 캐미솔 등 여름옷부터 겨울옷까지 종류가 매우 다양하기 때문이다. 이 단계에서 고객들이 평균적으로 소유하고 있는 상의 수는 160벌 전후다. 쌓인 옷을 처음 본 고객들의 반응은 대개 "이렇게 상의가 많았나" 하며 한동안 말없이 옷들을 멍하니 바라본다. 정리의 첫 번째 벽에 부딪친 것이다.

옷을 전부 모은 후, 그다음 단계에서 할 일은 '철 지난 옷'부터 버리는 것이다. 본격적인 정리의 시작을 철 지난 옷부터 하는 데는 이유가 있다. 갖고 있는 옷들 중에서 설레는 느낌을 가장 쉽게 알 수 있기 때문이다. 현재 입고 있는 옷들은 '설레지 않지만 어제 입었다' '당장 입을 옷이 없으면 곤란하다'는 식으로 생각하게 되어 냉정하게 설레는 느낌을 판단하기 어렵다. 반면에 철 지난 옷은 지금 당장 필요 없기 때문에 순수하게 설렘을 기준으로 버릴지 남길지를 선택할 수 있다.

철 지난 옷을 선별하는 데 도움이 되는 질문은, '다음 계절에 다시 입고 싶은가?'다. 또한 '오늘 갑자기 온도가 바뀌면 당장 입고 싶은가?'라는 질문에 '꼭 입고 싶은 것은 아니다'라고 생각했다면 그 옷은 버려야 한다. 지금까지 잘 입던 것이라면 옷에게 감사의 인사를 표하고 떠나보내는 것도 잊지 말자.

이런 기준이라면 입을 옷이 별로 없을 것 같다고 생각하는 사람들도 있을 것이다. 그러나 상당량을 버리는 것 같아도 설레는 옷만 골라 가지면 반드시 자신에게 필요한 양은 남게 된다.

철 지난 옷을 고르면서 설레는 느낌이라는 판단 기준을 이해하고 실행해봤으면, 같은 방법으로 '지금 입는 옷'의 상의와 하의 순으로 옷을 정리하자.

21
외출복 정리 요령

설레지 않는 옷이면
실내복으로도 입지 마라

정리할 때 고객들은 대개 '돈 주고 산 것인데……', '아직 입을 수 있는데……' 하며 버리기 아까워한다. 그러면서 밖에서 입을 수 없게 된 옷들을 놓고 "실내복으로 입어도 되죠?" 하고 묻곤 한다. 만약에 이럴 때 내가 "네, 괜찮아요" 하고 허락한다면, 결국 지금까지 순조롭게 줄었던 옷의 양이 더 이상 줄지 않고 실내복만 산더미처럼 쌓이게 될 것이 뻔하다.

이렇게 말하는 나도 예전에는 외출복으로 입을 수 없는 옷들을 실내복으로 '강등'시킨 적이 있다. 보풀이 많은 카디건이나, 유행 지난 니트, 애초에 외출복으로도 거의 입지 않은 어울리지 않는 블라우스를 실내복이라는 이름으로 버리지 않고 습관처럼 쌓아두곤 했다. 하지만 그렇게 강등시킨 실내복도 결국 거의 입지 않았다.

나뿐만 아니라 많은 사람들이 실내복으로 강등시킨 옷들을 활용하지 않고 쌓아두는 경향이 있다. 사람들에게 그 이유를 물으면 '집에서 입기에도 불편해서', '원래 외출복이었기 때문에 집에서 입기에는 좀 아까워서', '좋아하지 않아서' 하는 식으로 더 이상 실내복으로도 활용하지 않는다. 이런 행동은 설레지 않는 옷들을 버리는 작업을 뒤로 미룬 것에 불과하다.

생각해보면 '실내복'이라는 품목으로 이미 상품이 나와 있을 정도로 실내복과 외출복은 엄연히 다르다. 소재나 모양이 편한 것이 실내복이므로, 외출복에서 강등된 옷 중에 실내복으로 활용되는 경우는 단지 면 소재의 티셔츠 정도다.

외출복으로 입기에 설레지 않아서 실내복으로 삼는 것도 잘못된 생각이다. 집에서 지내는 시간 역시 똑같이 활동하는 시간이므로 남의 시선이 있든, 없든 시간의 가치는 다르지 않다.

따라서 설레지 않는 옷을 실내복으로 정하는 것을 당장 그만두자. 이상적인 집에서 이상적인 생활을 시작하려는데 설레지 않고 좋아하지 않는 차림으로 보내는 것은 자신에게도 좋지 않다. 오히려 누가 보는 것이 아니기 때문에, 집이라 해도 설레는 옷을 입고 생활하게 되면 자기 이미지가 향상되고 자존감도 높아진다.

개인적으로 최악의 실내복은 트레이닝복이라고 생각한다. 깨어 있을 때도, 잠을 잘 때도 줄곧 트레이닝복 차림인 사람들이 있다. 사람은 어떻게 옷을 입느냐에 따라 태도가 달라지는 법이다. 즉 트레이닝복을 너무 즐겨 입으면, 자연스럽게 자신의 생활 습관과 태도도 트레이닝복에 맞춰진 삶을 따라가게 되어버린다. 극단적으로 들릴지 모르겠지만 나는 그렇게 생각한다.

22

옷 개기의 위력

'개기'만 잘해도
수납 문제는 해결된다

옷을 남길지 버릴지 선별하는 작업이 끝나고 난 후, 남기기로 정한 옷의 양을 살펴보면 대개 처음 양의 1/3~1/4 정도가 된다. 이제 다음 정리 단계에서 할 일은 선택되어 바닥에 남아 있는 그 옷들을 수납하는 것이다.

수납에 대해 알아보기 전에, 수납 때문에 고민하고 있는 어느 고객의 사례부터 보자.

주부 S씨(50대)는 "옷이 옷장에 전부 들어가지 않아서 골치 아파요"라며 내게 고민을 토로했다. 그런데 그 집의 실내 구조도를 들여다보니 고민이 이해되지 않았다. 자기 옷을 수납할 수 있는 전용 붙박이장이 2개나 있고, 게다가 그 붙박이장의 크기는 여느 집의 붙박이장보다 1.5배나 넓어서 수납 공간이 부족하다고 볼 수 없었기 때문이다. 그런데도 그녀는 붙박이장이 옷으로 꽉 차 있다고 했다.

'대체 옷이 얼마나 많은 걸까?'

S씨의 집을 방문하는 날, 나는 드디어 그 이유를 알 수 있었다. 그녀 집의 붙박이장을 열자, 무수한 옷들이 촘촘히 옷걸이에 걸려 있는데 그 모습이 마치 세탁소 안에 빽빽이 걸린 옷들을 연상케 했다. 코트, 스커트는 물론이고 티셔츠, 니트, 가방 심지어 속옷까지 전부 옷걸이에 걸려 '진열'되어 있었다.

깜짝 놀라는 내게 S씨는 "이건 니트를 걸어도 미끄러지지 않는 옷걸이에요", "이건 독일에서 사온 핸드메이드 옷걸이에요"라며 옷걸이 자랑을 늘어놓았다. 그렇게 5분쯤 옷걸이 강좌를 한 후에는 "옷걸이에 걸어두는 게 주름도 안 생기고 옷도 낡지 않죠"라며 내게 미소를 지어 보였다. S씨의 이야기를 들어보니, 옷은 전혀 개지 않는 것 같았다.

옷을 수납하는 방법은 크게 두 가지로 나눌 수 있다. 옷걸이를 사용한 '걸기'와 일일이 개서 서랍에 넣는 '개기'다. 이렇게 말하면 아무래도 손쉬운 걸기에 끌리는 사람들이 많겠지만, 내가 권하는 정리 방법은 개기를 중심으로 한 수납이다.

'옷을 일일이 개서 수납하는 것은 귀찮다. 가능하다면 전부 옷걸이에 걸고 싶다'고 생각하는 사람들은 개기의 위력을 몰라서 하는 말이다.

먼저 수납력이라는 측면에서 봤을 때 '개기'와 '걸기'는 비교조

차 되지 않는다. 물론 옷의 두께에 따라 다르겠지만, 일반적으로 10벌의 옷을 거는 공간이 있을 경우, 옷을 바르게 개면 20벌 내지 40벌까지도 수납할 수 있다. S씨가 갖고 있는 옷의 수 자체는 평균보다 약간 많은 정도여서, 개서 수납한다면 옷장에 충분히 수납할 수 있었다. 대개 수납 문제는 바르게 개는 것만으로도 거의 해결될 수 있다.

개기의 효과는 이뿐만이 아니다. 옷을 개는 것의 진정한 가치는 직접 옷을 만져주는 것에 있다. 만지면 옷에 에너지를 주게 되어, 옷이 손상되지 않고 잘 보관된다.

의료 기술이 발달하지 않았던 시절, 상처 입은 부위에 손바닥을 대어 치료한 데서 유래한 '테아테手あて'라는 말이 있다. 사람의 손에서 나온 '핸드 파워'를 받게 되면 우리의 몸과 마음이 치유된다는 것이다. 자녀의 손을 잡아주거나 머리를 쓰다듬고 포옹하는 스킨십이 아이의 정서를 안정시키는 효과가 있다는 것은 익히 알려진 이야기다. 마사지를 받을 때도 기구로 하는 것보다 사람의 손으로 정성껏 문질러주는 것이 기분이 더 좋은 것처럼 말이다.

옷도 마찬가지다. 주인이 직접 손으로 만져주면서 정리하면 옷도 에너지를 받는다. 실제로 옷 주인이 바르게 갠 옷은 주름도 거의 없고 옷감도 살아 있다. 또한 정성스럽게 개어 수납된 옷과, 적당히 서랍에 던져진 옷을 입어보면 옷의 탄력이나 반짝거림이 한눈에 그 차이를 알 수 있을 정도로 서로 다르다.

이처럼 옷을 개는 것은 단순히 수납을 위해 작게 접는 행위만을

가리키지 않는다. 항상 자신을 위해 활약해주는 옷을 위로하고, 애
정을 나타내주는 행위라는 점을 기억할 필요가 있다.

23
옷 개기의 기본은 세우기

옷은 포개지 말고
세워서 수납하라

빨래 걷기는 괜찮지만 개기는 귀찮고, 어차피 입을 건데 일일이 옷을 개는 것은 쓸데없는 노력이라고 생각하는 사람들이 있다. 그런 사람들은 대개 옷을 그대로 쌓아둔 채 생활하고, 거기서 옷을 찾는 것으로 일과를 시작한다. 이렇게 되면 나중에는 방 한쪽이 옷 더미가 되고, 차츰 그 영역이 생활공간을 앗아가게 된다.

이처럼 옷 개기를 싫어하는 사람들이 옷을 잘 개는 방법을 알 리가 없다. 하지만 그렇다고 정리를 포기해서는 안 된다. 나에게 정리 레슨을 받으러 오는 사람들 중에 처음부터 바르게 옷을 갤 줄 아는 사람은 지금까지 한 명도 없었다. 심지어 옷은 아예 개지 않는 사람이거나, 벽장을 열면 옷이 덩어리처럼 뒤엉켜 있거나, 서랍을 열면 상자에 든 생면처럼 옷이 비틀려 있는 등 기본적인 개기 방법도 모르는 사람들이 많았다.

하지만 레슨을 마칠 때쯤에는 모두 '옷을 개는 것이 즐겁다'고 말한다. 주부 A씨(20대)는 결혼 후에도 친정어머니가 대신 옷 정리를 해주러 오시곤 했을 정도로 옷 개기를 너무 싫어했다. 하지만 수업을 받고는 친정어머니에게 옷 개는 방법을 지도할 정도로 옷 개기를 좋아하게 되었다.

옷 개기는 한 번 제대로 배우면 매일 활용할 수 있고, 평생 도움이 된다. 바르게 옷 개는 방법을 모르고 지내는 것은 인생에서 큰 손해다.

우선 옷 개는 방법을 배우기 전에, 옷을 수납한 후에 완성된 모습을 한번 머릿속에 그려보자. 서랍을 열었을 때 어디에 뭐가 있는지 한눈에 알 수 있는 상태여야 한다. 책꽂이에 책을 꽂듯이 옷도 '세운' 상태로 수납해야 한다. 세우기는 수납의 기본이다.

종종 옷가게처럼 넓고 얇게 접어서 서랍 안에 눕혀 포개어 넣는 사람들이 있는데, 그것은 가게에서 일시적으로 손님들에게 보이기 위한 상품의 진열에 적합한 방법이지 가정용 수납법으로는 적합하지 않다. '여러 번 개면 주름이 생길 것 같아서 가능한 개는 횟수를 줄인다'는 것이 그들의 주장인데, 그렇게 하면 오히려 역효과가 난다.

'세우기' 수납을 할 경우는 옷을 작게 개야 하기 때문에 옷을 접는 횟수가 많아지기는 하지만, 옷의 주름은 옷을 접는 횟수가 아니라 옷들끼리 서로 눌려 주름이 진해져서 만들어진다는 것을 기억할 필요가 있다.

즉 옷을 얇게 개서 포개면 포갤수록 위쪽 옷의 무게로 아래쪽 옷이 눌려 주름이 진해져서 쭈그러짐이 심해진다.

바르게 옷을 개는 방법이라고 하면 어렵게 들릴 수도 있는데 핵심은 간단하다. 완성된 모양이 '직사각형' 이 되도록 개면 된다. 먼저, 옷의 앞면(소매나 칼라를 제외한 부분)의 양옆을 조금 꺾어서 접는다(이때 소매를 개어 넣는 방법은 자유다). 세로로 긴 직사각형이 만들어졌으면 옷에 따라 네 번이나 여섯 번을 접어서 높이를 조정한다. 기본적인 요령은 이게 전부다.

초보자들에게 옷을 한번 개보라고 시키면, 사각으로 접기는 했는데 옷에 힘이 없어서 세워지지가 않는다. 따라서 세워서 수납하려고 해도 쉽게 쓰러져버리고 만다. 이는 옷에 맞는 방법으로 개지 않았기 때문이다. 분명 옷마다 갰을 때 잘 세워지는 '골든 포인트' 가 있다.

골든 포인트는 옷의 소재나 크기가 각각 다르기 때문에 개는 방법을 바꾸면서 하나하나 터득해야 한다. 하지만 골든 포인트를 찾는 것이 어려운 일은 아니다. 대개는 세웠을 때의 높이를 조정하는 것만으로 간단하게 골든 포인트를 찾을 수 있다. 요령은, 천이 얇은 것은 폭과 높이 모두 작게 해서 꼭꼭 개고, 천이 두꺼운 것은 느슨하게 개는 것이다.

이 같은 방법으로 옷의 골든 포인트를 찾았을 때의 만족감은 말로는 표현하기 어렵다. 세워서 수납해도 넘어지지 않는 안정감 그리고 옷을 잡으면 손에서 느껴지는 편안함을 느낄 수 있다. 이렇게 잘 수납된 옷들을 보고 만족하여 고객의 얼굴이 환해지는 것을 보았을 때가 내겐 가장 기쁜 순간이다.

24
옷장에 옷 거는 요령

왼쪽에는 긴 옷,
오른쪽에는 짧은 옷

옷장 문을 열었을 때 좋아하는 옷들이 가득 걸려 있으면 누구나 기분 좋은 느낌을 받게 된다. 하지만 실제로는 "옷장 안이 흐트러져 있어서 쓰기 불편하다", "옷장을 열 때마다 한숨이 나온다"는 사람들이 많다. 그런 이야기를 들어보면 대개 그 원인은 두 가지로 정리된다.

첫째, 옷을 너무 많이 걸어놓았기 때문이다. 일전에 어느 고객의 집을 방문했을 때, 옷장 속 폴에 옷이 너무 많이 걸려 있어서 옷 한 벌을 꺼내는 데 3분이나 걸린 적이 있었다. 오른쪽으로도 왼쪽으로도 꼼짝달싹하지 않는 옷걸이를 잡아 겨우 하나를 꺼내면 양옆의 옷들이 함께 딸려 나올 정도였다.

이는 극단적인 사례이긴 하지만, 많은 사람들이 옷장에 옷을 너무 많이 걸어서 사용하기 불편해하는 것이 사실이다. 그렇기 때문에 갤 수 있는 것은 가능한 개서 옷을 수납하는 것이 좋다.

물론 개기보다 '걸기'가 적당한 옷도 많다. 바람이 불면 나풀나풀 흔들리는 듯한 느낌의 옷이나, 형태가 잡혀 있어야 멋이 나는 옷들은 옷걸이에 거는 것이 좋다.

둘째, 옷을 폴에 거는 방법이 잘못되었기 때문이다. 먼저 같은 종류의 옷들은 이웃해 건다. 재킷 종류와 셔츠 종류를 연결해 거는 것이다. 자신과 같은 타입의 사람이 있으면 안심이 되는 것처럼 옷도 마찬가지다. 옷을 종류별로 나누기만 해도 정리된 옷에서 편안함을 느낄 수 있다. 이렇게 하는 것만으로도 다른 옷장이 아닐까 착각될 정도로 옷장 안이 깔끔해진다.

하지만 종류별로 나눠 걸어도 어느새 뒤섞여 엉망이 된다는 고객들의 이야기를 자주 듣는다. 이 문제를 해결하기 위한 효과적인 방법은 그래프에서 선이 오른쪽으로 올라가듯 옷을 '상승' 방향으로 거는 것이다. 종이에 왼쪽에서 오른쪽으로 올라가는 화살표와 왼쪽에서 오른쪽으로 내려가는 화살표를 그려보자. 공중에서 손가락으로 그려보며 머릿속으로 그 모습을 생각해봐도 좋다. 사람들은 대개 오른쪽으로 상승하는 선을 편하게 느낀다고 한다.

이를 옷장 수납에 응용하면 항상 옷장 안에 설렘을 담을 수 있다. 즉 옷장을 향해 섰을 때 왼쪽에는 길고 무거운 옷, 오른쪽에는 가벼운 옷을 거는 것이 좋다. 구체적으로는 왼쪽에는 길이가 길고 천이 두껍고 색이 짙은 옷을 걸고, 오른쪽으로 갈수록 길이가 짧고 천이 얇고 색이 옅은 옷을 걸면 된다.

종류별로는 왼쪽부터 코트, 원피스, 재킷, 바지, 스커트, 블라우스 순으로 걸면 된다. 기본적인 걸기의 원칙을 생각하며 전체적으로 왼쪽에서 오른쪽으로 상승하는 모양이 되도록 자신의 감각에 맞춰 걸면 된다. 이때 같은 카테고리 내에서도 각각 오른쪽으로 상승하도록 건다.

이 방법으로 정리된 옷장을 보면 신기하게도 마음이 설레는 것을 느낄 수 있다. 그러면 옷장 문을 닫았을 때도 왠지 방의 공기가 가볍게 느껴진다. 일단 이런 설렘을 경험하게 되면 습관처럼 그런 기분을 또 느끼고 싶어져서 정리된 상태가 자연스럽게 유지된다.

이렇게 세세하게 신경을 써서 정리하는 것이 무슨 소용이 있겠는가 하고 생각하는 사람들도 있겠지만, 이런 설렘의 마술을 수납 공간 도처에 담아두는 것이 바로 깨끗한 방을 유지하는 요령이다.

올바른 방법으로 다시 옷을 걸기만 하면 되므로 속는 셈 치고 한 번 실천해보자. 10분 정도면 된다.

25
양말류 수납 요령

양말과 스타킹은
묶지 마라

살다보면 본의 아니게 다른 사람에게 상처를 주는 경우가 있다. 상처를 입은 상대방의 마음은 조금도 알지 못한 채, 본인은 태연하게 생활하기도 한다. 물건의 경우도 이런 상황이 자주 일어난다. 특히 양말류를 수납할 때 그렇다.

주부 경력 30년차인 S씨(50대)의 집에서 있었던 일이다. 의류부터 시작해서 여름옷, 겨울옷의 정리를 끝내고, 속옷 정리까지 마친 후 "아주 잘 진행되고 있어요. 이 기세를 몰아 다음은 양말을 정리하죠" 하고 오동나무로 된 옷장의 서랍을 열었을 때다. 그 순간 나도 모르게 '앗' 하고 소리를 지르고 말았다.

감자처럼 동글동글하게 꽁꽁 말린 양말들이 서랍 안에 가득 들어 있었기 때문이다. 정확히 말하면 동글게 묶어놓은 스타킹, 발목부터 뒤집어 접어놓은 양말들이 한데 모여 있었다.

양말을 보고 할 말을 잃은 내게 S씨는 "이렇게 양말을 동글게 말아놓으면 쉽게 꺼낼 수 있어서 편해요"라며 웃어 보였다. 고객의 집에서 정리 레슨을 할 때 자주 보는 광경이기는 하지만, 정말 매번 이마를 잡고 뒤로 넘어갈 듯한 심정이다.

스타킹은 절대 묶어두어서는 안 된다. 양말도 홀라당 뒤집어 접어두면 안 된다.

나는 동글게 꽁꽁 말린 '감자' 하나를 가리키며 말했다.

"양말들은 지금 쉬고 있는 중이에요. 그런데 저런 상태로 쉴 수 있을까요?"

수납된 상태의 양말들은 제 역할을 하고 말 그대로 쉬고 있는 중이다. 늘 험하게 다뤄지고, 발과 신발 사이에서 습기와 마찰을 참아내며, 주인의 발을 감싸주는 역할을 한 후에 서랍 속에서 짧은 휴식 시간을 갖는 것이다.

그런데 묶고 뒤집어놓은 양말들은 잡아 늘려지고, 고무 밴드로 인해 압박이 가해져서 긴장 상태에서 벗어나지 못하게 된다. 게다가 서랍 안에 던져져 서랍이 열리고 닫힐 때마다 이리저리로 구르니 서로 부딪쳐서 안심하고 쉴 수도 없다. 또 서랍 안쪽 깊숙이 굴러가 존재감을 상실한 채 방치된 양말은 발목 부분이 늘어난 상태로 계속 수납되어 수명이 단축된다. 겨우 주인의 손에 닿아 꺼내졌을 때는 '목이 늘어났네' 하고 외면당하게 된다. 이렇게 양말보다 심한 대우를 받는 물건이 또 있을까?

나는 발목이 늘어난 목양말을 신은 사람을 보면 절로 양말을 바르게 개는 방법을 가르쳐주고 싶어진다.

우선 '스타킹'을 바르게 개는 방법부터 살펴보자. 스타킹은 먼저 좌우 발 부분을 포개어 옆으로 반을 접는다. 이어서 삼등분한 길이로 접는데, 이때 발끝 쪽을 안으로 접어 넣고 허리 부분이 밖으로 나오도록 하는 것이 요령이다. 이 상태에서 스타킹을 아래쪽부터 돌돌 말면 되는데, 다 말았을 때 허리 부분이 바깥쪽으로 오면 된다. 숏스타킹이나 밴드스타킹도 마찬가지다. 레깅스처럼 약간 두꺼운 스타킹은 이등분해서 개는 것이 말기 쉽다. 쉽게 말해, 최종적으로 김밥 모양이 되도록 말면 된다.

스타킹을 수납할 때는 돌돌 감은 모양이 보이도록 세워서 넣는다. 플라스틱으로 된 서랍의 경우 바로 넣으면 미끄러져서 감은 것이 풀리므로, 일단 종이 상자에 담아 서랍에 넣으면 된다. 참고로, 스타킹을 보관할 때는 신발 상자가 가장 적합하다. 이렇게 하면 자신이 갖고 있는 스타킹 수를 한눈에 파악할 수 있고, 묶지 않아서 스타킹에 무리도 가지 않고 주름도 생기지 않는다.

'양말' 개기는 그보다 더 간단하다. 먼저 발목 부분이 뒤집힌 양말들을 원래 상태로 풀어놓자. 그리고 좌우를 포개어 옷과 같은 요령으로 반으로 접는다. 스니커 양말 같은 덧신 형태는 반으로 접기만 하면 된다. 길이가 짧은 양말은 세 번, 길이가 긴 것은 네 번이나 여섯 번을 접는데, 이는 수납하는 서랍의 높이에 맞추면 된다. 최종적으로 완성된 모양이 '직사각형'이 되도록 하면 된다. 수납할 때도 옷과 마찬가지로 세워서 넣는다.

이렇게 수납하면 작은 공간에도 충분히 많은 양의 양말을 수납할 수 있고, 양말도 편하게 쉴 수 있다.

26
계절별 옷 정리가 필요 없는 수납법

옷은 계절별이 아닌
'소재별'로 정리하라

"6월은 고로모가에衣替え*시기입니다."

일본에서는 장마철이 다가오면 자주 듣게 되는 문구인데, 들을 때마다 '그런 행사도 있었지' 하고 정겹게 느껴진다. 나는 이미 여러 해 전부터 계절별 옷 정리를 전혀 하지 않기 때문이다.

원래 '고로모가에'는 중국에서 전해진 풍습으로, 일본에서는 헤이안 시대(794~1185년)에 궁중에서 시작되었다. 그것이 메이지 시대(1868~1912년) 이후에 교복을 입는 학생과 제복을 입는 사람을 대상으로 6월부터는 하복, 10월부터는 동복으로 갈아입는 행사로

---

* 철 따라 옷을 갈아입는다는 의미로, 그간 입던 옷을 챙겨 넣고 다음 계절에 입을 옷을 준비하는 것을 의미한다. 일본 헤이안 시대에 시작되어 현재까지 국가적 차원에서 벌이는 행사다.–옮긴이

정착되었다. 원래 학교나 회사 같은 조직의 규칙이므로, 일반인이 집에서 고로모가에를 할 의무는 없다.

그런데도 나 역시 예전에는 다른 사람들과 마찬가지로 계절이 바뀌면 왠지 옷 정리를 해야겠다는 기분이 들어서, 매년 6월과 10월에는 옷장 안을 새로 정리하고 서랍의 내용물을 바꿨다.

하지만 솔직히 계절마다 옷 정리를 하는 것은 여간 귀찮은 일이 아니다. 내 경우 옷장 위에 올려놓은 박스에 입고 싶은 옷이 있어도 꺼내기가 귀찮아서 다른 옷을 입을 때도 있었다. 한편 깜빡하고 6월을 넘기고 7월이 지나서야 겨우 여름옷을 꺼냈는데 알고 보니 똑같은 옷을 새로 사버린 적도 있었다.

계절별 옷 정리를 한 순간 다시 더워지거나 추워진 적도 있다. 최근에는 냉난방 시설이 잘 되어 있어서 덥고 추운 경계가 애매해 졌다. 겨울에도 반팔 티셔츠를 입는 사람들이 있을 정도다. 어쩌면 이제 계절이 바뀌었다고 대청소·대정리를 하는 건 시대에 뒤처진 일이 되어버렸는지도 모른다.

이제 '계절별' 옷 정리는 하지 않기로 하자. 제철 옷이든 철 지난 옷이든, 언제나 입을 수 있는 상태로 수납해서 굳이 계절별로 정리하지 않는 것이다. 나는 고객에게도 계절별 옷 정리를 하지 않는 수납을 권하고 있다. 그 결과 항상 갖고 있는 옷을 파악할 수 있으니 고객으로부터 좋은 평을 얻고 있다. 이를 위한 특별히 까다로운 정리 요령이 따로 있지는 않다. '계절별 옷 정리를 하지 않는다'는 전제하에서 옷을 수납하면 된다.

옷을 세분화해서 수납하지 않고 면 소재 옷, 울 소재 옷 하는 식으로 '소재별'로 정리하면 된다. 여름 옷, 겨울 옷, 봄·가을 옷으로 계절별이나 출퇴근용, 휴일용으로 나누는 용도별 분류는 모호하므로 피해야 한다.

수납 공간이 여유가 없는 경우에는 소품만 계절별로 정리한다. 여름 물건이라면 수영복이나 모자, 겨울 물건이라면 머플러, 장갑, 귀마개 등으로 정리한다. 소품은 아니지만 코트도 마찬가지다. 이 정도의 물건은 옷장 깊숙이 수납해도 괜찮다. 그래도 수납 공간이 부족해서 제철 옷을 꺼내지 못할 경우에는 나름의 수납법을 궁리할 필요가 있다. 이때 계절별 옷 정리용이라면 뚜껑 달린 박스 형태의 케이스를 떠올리는 사람이 많은데, 이런 케이스를 효율적으로 활용하기는 어렵다. 뚜껑 위에 물건을 놓게 되어 꺼내기가 더 귀찮아져서 그대로 계절이 지나가 버리기 때문이다. 따라서 수납 제품을 구입할 경우에는 쉽게 물건을 꺼낼 수 있는 서랍 형태가 좋다.

철 지난 옷이라도 처박아두어서는 안 된다. 깊이 넣어두었다가 반년 만에 꺼낸 옷들은 상태가 예전처럼 좋지 않기 때문이다. 그래서 장기간 수납된 옷들은 공기와 빛을 보게 해주고 만져주면서 다음 계절에도 잘 입을 수 있도록 신경을 써야 한다.

27
책 정리의 첫 단계

책은 한곳에
모아놓고 정리하라

옷 정리를 끝냈다면 다음은 '책' 차례다. 사람들에게 가장 버릴 수 없는 물건 세 가지를 꼽으라면 아마 그중 하나가 책일 것이다. 책 읽기를 좋아하는 사람이나 그렇지 않은 사람도 책만큼은 쉽게 버리지 못하는 경향이 있다.

하지만 책을 버리지 못하는 가장 큰 원인은 의외로 '버리는 방법'에 있다. 이해를 돕기 위해 고객의 사례를 하나 소개하겠다.

외국계 컨설팅 회사에 근무하는 Y씨(30대)는 책 읽기를 매우 좋아한다. 그녀는 화제가 되고 있는 비즈니스 서적뿐만 아니라, 소설책과 만화책도 즐겨 읽는 독서광이다. 그녀의 방은 온통 책으로 가득했다. 천장까지 닿는 높은 책장 3개에 책들이 빽빽이 꽂혀 있고, 바닥에도 허리 높이까지 책들이 쌓여 있었다. 헤아려 보니 당장이라도 무너질 것 같은 위험한 '책 탑'이 무려 20개나 되었다. 방 안을 걸을 때는 몸을 요리조리 움직여 책 탑을 피해야 할 정도였다.

"일단 책장에서 책을 전부 꺼내 바닥에 놓으세요."

나의 말에 Y씨의 눈이 휘둥그레졌다.

"전부요? 양이 꽤 되는데요."

"알아요, 전부 꺼내세요."

내가 짧게 대답하자, Y씨는 "그게 아니라……" 하고 머뭇거렸다. 그러고는 "그냥, 책장에 꽂은 채로 제목을 보고 고르는 것이 편할 거 같아요" 하고 말했다.

물론 책은 한곳에 수납되어 있는 것이 보통이고, 제목이 써 있는 책등이 가지런히 나열되어 있어서 그대로 책을 고를 수 있다. 게다가 책은 무게가 있어서 꺼냈다가 다시 꽂는 데 힘도 든다. Y씨 말대로 결국에는 같은 책장에 꽂는 것이므로, 일부러 책을 전부 꺼내는 것은 두 번 일하는 것이 되어 귀찮다고 생각될 수도 있다.

하지만 책 정리를 할 때, 책장에서 전부 책을 꺼내는 작업은 반드시 필요하다. 왜냐하면 책장에 수납되어 있는 상태로는 그 책이 설레는지 어떤지 판단할 수 없기 때문이다. 책뿐만 아니라 옷이나 소품도 마찬가지다. 수납된 채로 오랜 시간 꺼내지 않은 상태의 물건은 '잠을 자고 있는 것'이나 다름없다. 보이지만 보이지 않는 것과 같다. 이런 경우 책장이나 서랍에 둔 물건을 보고 설레는지를 판단하려고 해도 전혀 알 수가 없다. 느낌이 오지 않는 것이다.

그렇기 때문에 물건을 남길지 버릴지 선택할 때는, 일단 수납 공간에서 전부 물건을 꺼내어 잠을 깨워야 한다. 바닥에 쌓아두었던 물건도 마찬가지로 다시 한곳에 모아놓고 판단해야 버릴 물건을 선택하기 쉽다. 이는 물건을 물리적으로 움직여서 바람이 통하게 하여 자극을 줌으로써 물건의 의식을 깨우는 작업이다. 그런 작업을 거쳐야만 필요한 책과 필요하지 않은 책을 확실히 선택할 수 있다. 오히려 책장에 꽂은 상태로 필요한 책을 고르는 작업이 더 번거롭다.

만약 Y씨처럼 책의 양이 지나치게 많아 책을 한 번에 바닥에 쌓을 수 없는 경우에는, 책을 종류별로 나눠 바닥에 쌓은 후 정리하는 것이 좋다. 책은 다음과 같이 네 가지로 나누면 된다.

- 일반 서적(소설 등)
- 실용서(참고서, 요리 레시피 책 등)
- 감상용 서적(사진집 등)
- 잡지

이렇게 크게 분류하여 쌓아둔 책들을 한 권씩 손에 들어 만져보고 남길지 버릴지를 판단한다. 물론 기준은 만졌을 때 '설레는가' 하는 것이다. 선택을 위해서는 만져보는 것만으로도 충분하므로 작업 중에 절대 내용을 들여다보아서는 안 된다. 책을 읽게 되면 설렘이 아닌, 필요성으로 판단되기 때문이다.

정리 후 자신에게 설레는 책만 꽂혀 있는 책장을 상상해보자. 상

상만 해도 황홀하지 않은가? 책을 좋아하는 사람에게 이보다 더
큰 행복은 없을 것이다.

28
책을 버리는 기준

'언젠가' 읽으려는 책은
과감히 버려라

많은 사람들이 책을 버리지 못하는 또 한 가지 이유는, 지금은 아니지만 언젠가 그 책을 '다시' 읽을 것이라고 생각한다는 것이다.

여러분이 지금까지 읽은 책 중 다시 읽을 정도로 좋아하는 책이 몇 권이나 되는가? 아마 5권밖에 안 되는 사람도 있을 것이고, 100권쯤 되는 사람도 있을 것이다. 연구자나 작가처럼 책과 가까운 직업을 가진 사람을 제외하고는 평범한 사람 중에 그보다 많은 양의 책을 다시 읽은 사람은 거의 없을 듯하다. 실제로 사람들이 책을 다시 읽는 경우는 거의 없다.

따라서 효과적인 책 정리를 위해서도 책의 진짜 역할을 생각해 볼 필요가 있다. 책이란 종이에 글자를 인쇄해 그것을 하나로 묶은 것이다. 우리가 그 안에 있는 글자를 읽어 정보를 얻을 때 책은 진정한 역할을 한다. 책에 쓰인 정보에 의미가 있는 것이지 '책장에 책이 꽂혀 있다'는 것 자체는 아무런 의미가 없다.

우리가 책을 읽는 것은, 책을 읽는다는 '경험'을 원하기 때문이다. 한 번 읽은 책은 이미 경험한 것이 된다. 내용을 완벽히 기억하지 못한다 해도 전부 자기 안에 수용하게 된다.

따라서 책을 다시 읽을지, 내용이 자기 것이 되었는지 어떤지를 따지지 말고, 책 한 권을 손에 들었을 때 설레는지 확인하고 버릴지 남길지를 판단해야 한다. 만졌을 때 설레는 책, 책장에 꽂힌 것을 보기만 해도 '행복하다'고 느껴지는 것만 남겨야 한다. 물론 내가 쓴 이 책도 예외는 아니다. 손에 들었을 때 설레지 않는다면 주저하지 말고 버려도 된다.

그럼 읽다 만 책이나, 구입은 했지만 아직 읽지 못한 책처럼 '언젠가' 읽을 책들은 어떻게 해야 할까?

지금은 인터넷이나 모바일로 손쉽게 책을 살 수 있어서인지 많은 사람들이 읽지 않은 책들을 이전보다 많이 갖고 있는 편이다. 3권은 정말 적은 편이고, 많은 경우는 30권 이상 갖고 있는 사람들도 있다. 얼마 전에 산 책을 읽지도 않았는데, 다시 새 책을 사들이니 읽지 않은 책들이 점점 늘어나는 것이다. 정리 차원에서 볼 때, 한 번 읽은 책에 비해 읽지 않은 책들이 더욱더 버리기 어렵다.

이전에 어느 경영자의 사무실을 정리했을 때 일이다. 사장의 책장에는 어려운 비즈니스 서적이 빼곡히 꽂혀 있었다. 카네기, 드러커 같은 소위 경영의 고전이라 불리는 책들부터, 최신 베스트셀러까지 마치 작은 서점처럼 다양한 장르의 책이 꽂혀 있었다. 하지만 오히려 질서 정연하게 진열된 책의 모습에 거부감이 들었다.

책 정리를 시작하자 고객은 "이건 아직 안 읽었고, 저것도 안 읽었고······" 하며 책을 버리지 않았다. 정리가 끝나자, 안 읽은 책이 무려 50권에 달했다. 결과적으로 책장에 꽂힌 책들이 한 줄도 줄지 않았다. 고객에게 책을 버리지 못하는 이유를 물어보니, "언젠가 읽을지 모르니까요"라고 답했다. 나의 '정리 가상 문답집'에 단골로 등장하는 대답 그대로였다.

하지만 그 '언젠가'는 영원히 오지 않는다. 누구의 추천을 받아 구입한 책이든, 또는 읽을 거라고 생각했던 책이든, 한 번 읽을 시기를 놓친 책들은 읽지 않게 된다. 그런 책들은 과감히 포기해야 한다. 구입한 당시에는 읽고 싶었겠지만, 결국 읽을 필요가 없었다는 것을 가르쳐준 것이 그 책의 역할이다. 읽다 만 책도 마지막까지 다 읽을 필요가 없었기 때문이다. 그 책의 역할은 도중까지 읽는 것으로 끝이 났다. 따라서 읽지 않은 책들은 과감히 전부 버리자. 여러 해 방치된 읽지 않은 책보다, 지금 읽고 싶은 책, 읽고 있는 책을 읽어야 한다.

읽지 않은 책 중에 빠지지 않는 책들이 있는데 바로 영어 책과 자격증 책이다. 책을 많이 갖고 있는 사람들 대부분은 의식이 높고 공부를 좋아한다. 나의 고객들 책장에서도 참고서나 공부 관련 책들이 꽂혀 있는 것을 자주 보게 된다. 영어 책은 주로 토익 참고서, 해외여행에 도움이 되는 영어회화 책, 비즈니스에서 쓸 수 있는 비즈니스 회화 책 등이 많고, 자격증 관련 책은 회계, 주택 건축, 비서 검정, 아로마테라피, 색채 등 그 종류만도 매우 다양하다. '이런 자격증 책도 있나' 싶을 정도다. 이외에 학생 시절에 보았던 교과서나 펜글씨 연습장도 자주 발견된다.

이렇듯 사람들은 공부 관련 책을 몇 권씩은 갖고 있게 마련인데, 이런 책을 갖고 언젠가 공부할 거라고 생각한다면 지금 당장 버리기를 권한다. 대부분은 결국 공부 관련 책을 다시 보지 않기 때문이다. 나의 고객들을 생각해봐도 그런 책으로 공부를 하고자 실천에 옮기는 비율은 10퍼센트도 안 된다. 책을 구입하기는 하지만 활용하지 않는 것이다.

그런데도 책을 버리지 못하는 이유는 '언젠가 공부하려고', '시간이 있을 때 공부하려고', '영어를 공부하는 게 좋을 것 같아서' 등 그야말로 '~하려고', '~할 거라서'의 연속이다. 따라서 '할 거 같다' 고 생각할 뿐 아직 손도 대지 않은 책들은 전부 버려야 한다.

책을 버려봐야 비로소 그 공부에 대한 자신의 열정도 가늠해볼 수 있다. 책을 버렸어도 자신에게 아무런 느낌도, 변화도 없다면 공부에 대한 열정도 없는 것이다. 반면에 책을 버린 후에도 계속해서 관련 책들을 다시 사고 싶어진다면 새로 구입해 그때부터라도 열심히 공부하면 된다.

29
남겨야 할 책의 기준

'나만의 명예의 전당'에
오를 만한 책을 남겨라

지금 내가 집에 갖고 있는 책은 30권 정도다. 항상 이 정도 양을 유지하고 있지만, 예전에는 다른 사람들과 마찬가지로 책을 쉽게 버리지 못했다.

처음 책 정리를 하기로 마음먹고 '설렘'을 기준으로 버리기와 남기기를 한 결과 책장에 100권 정도 책이 남았다. 그러던 어느 날 책을 더 줄일 수 있을 것 같은 기분이 들어서 다시 한 번 책장의 책을 관찰했다.

손도 대지 않을 책들은 과감히 버리자고 마음먹었지만 말처럼 쉽지 않았다. 따라서 주저 없이 '설렌다!' 하고 단언할 수 있는 책부터 남기기로 했다. 그때 『이상한 나라의 앨리스』를 가장 먼저 꼽았는데, 초등학교 1학년 때부터 변함없이 아꼈던 책이기 때문이다. 이처럼 이른바 '나만의 명예의 전당'에 오를 만한 수준의 책들은 망설일 것 없이 남기면 된다.

다음으로, 명예의 전당에 오를 정도는 아니지만, 마음이 설레는 책을 남기면 된다. 나이에 따라 바뀌기는 하지만, 어쨌든 지금 꼭 가까이 두고 싶은 책을 고르는 것이다. 현재는 내가 갖고 있지 않지만, 나에게 정리에 대해 눈을 뜨게 해준 『버리는 기술』이 딱 그런 수준의 책이었다. 어떤 책이든 아직 설렘이 느껴진다면 남겨둬도 좋다.

가장 골치 아픈 것은 설레는 정도가 그럭저럭한 책이다. 한 번 읽었는데 재미있었다거나, 만졌을 때 설레지는 않지만 책 곳곳에 마음에 와 닿는 문장이 있어서 다시 읽을지도 모른다는 책들이 그것이다. 이런 책들은 반드시 버려야 하는 책이 아니지만, 정리의 길을 깊이 탐구하고 싶었던 나는, 설렘의 정도가 그럭저럭한 책들을 남기고 멍하니 보고만 있을 수는 없었다. '이런 책을 거리낌 없이 버릴 수 있는 방법은 없을까?'

그래서 시작한 것이 책의 '부피 줄이기'였다. 책 전체보다는 일부분의 정보와 눈에 들어온 문장만 남겨두고 싶으면 필요한 부분만 남기고, 나머지 부분은 버리기로 한 것이다. 마음을 울리는 말이나 문장을 공책에 필사해서 나만의 명언집도 만들기로 했다. 나중에 이런 명언집을 보면서 나의 독서 발자취를 더듬어보는 것도 재미있을 거라고 생각했다. 나는 '좋은 생각이다' 싶어서 마음에 드는 노트를 찾아 제작을 하기 시작했다. 먼저 마음에 와 닿는 부분에 줄을 긋고, 책 제목과 내용을 옮겨 적었다. 그런데 시작한 순간부터 귀찮아졌다. 단어라면 모를까 문장을 전부 필사하는 것은 시간과 노력이 많이 들었기 때문이다. 게다가 이후에 다시 볼 것을 생각하면 가능한 글자를 깨끗이 써야 한다. 책 한 권에 좋아하는 문장이 10개 있으면, 그것을 베껴 쓰는 데 적어도 30분은 걸릴 것이다. 그런 책이 약 40권 있다고 생각하니 갑자기 현기증이 났다.

그래서 다음에 시도한 것이 복사였다. 마음에 드는 문장이 있는 페이지를 복사하면 순식간에 명언을 추려낼 수 있기 때문이다. 복사한 종이를 공책에 붙이기만 하면 완성이다. 그런데 막상 해보니, 이 방법 역시 귀찮기는 매한가지였다.

결국 해당 페이지를 직접 찢는 방법을 시도하기로 했다. 공책에 붙이는 것도 귀찮아서 찢은 페이지를 그대로 파일에 넣는 방법으로 과정을 줄였다. 이 방법으로 정리하니 한 권에 15분도 걸리지 않았다. 그래서 무사히 40권의 책을 처분하고, 마음에 드는 문장도 남길 수 있어서 매우 만족스러웠다.

이렇게 책의 부피 줄이기 정리법을 2년쯤 하던 어느 날 문득 그동안에 만든 파일을 한 번도 다시 들여다본 적이 없다는 것을 알게 되었다. 내가 했던 일은 단순한 위안에 불과했던 것이다.

최근에 느낀 것인데, 책을 많이 쌓아두지 않으면 오히려 정보의 감도感度가 높아진다. 즉 자신에게 필요한 정보를 깨닫기 쉬워진다는 말이다. 이는 나뿐만 아니라 책이나 서류를 많이 버린 고객들이 경험한 일이기도 하다.

책은 시기가 생명이다. 만난 그 '순간'이 읽어야 할 때다. 순간의 만남을 놓치지 않기 위해서라도 책은 쌓아두지 말자.

30
집안 서류 정리법

서류는 전부 버리는 것이
원칙이다

책 정리가 끝났으면 다음은 '서류' 차례다.

생활하다 보면 집 안에는 어느새 각종 서류가 쌓이고, 그렇게 서류가 모이는 장소가 몇 군데 생겨난다. 예를 들면 벽에 거는 주머니형 수납 소품에는 우편물이 가득 들어 있고, 냉장고에는 자녀의 학교 통신문이 덕지덕지 붙어 있으며, 전화기 옆에는 엽서들이 놓여 있고, 탁자에는 며칠이 지난 신문들이 방치되어 있는 식이다.

가정의 서류는 사무실에 비해 양이 적은 것 같지만 실상은 그렇지 않다. 정리를 하면서 나오는 종이의 양은 최소한 45리터짜리 쓰레기봉투 2장 분량은 거뜬히 된다. 심지어 나는 무려 쓰레기봉투 15장 분량의 종이 더미를 본 적도 있다.

그 정도 양의 서류를 관리하는 것이 쉽지 않을 텐데, 때로 서류 정리를 아주 꼼꼼히 하는 사람들이 있어서 놀랄 때가 있다. 그런 고객들에게 "어떻게 서류를 관리하세요?" 하고 물으면, 어떤 고객은 "아이 관련 서류는 이 파일에, 요리 레시피는 이쪽에, 잡지에서 오린 것은 이쪽에, 가전제품 설명서는 이 파일에……" 하며 자세히 설명해준다.

솔직히 나는 서류 분류하기가 제일 싫다. 그래서 정리한다 해도 파일을 여러 개 사용하지 않고 꼼꼼히 라벨을 붙여서 구분하지도 않는다. 사무실에서 많은 사람들이 공유하는 물건이라면 모를까 집에서 사용하는 서류를 그렇게까지 완벽하게 구분할 필요성을 전혀 느끼지 못하기 때문이다.

결론부터 말하면 서류는 '전부' 버리는 것이 원칙이다. 이렇게 말하면 고객들은 대개 놀란 얼굴을 하는데, 사실 서류만큼 처치 곤란한 것도 없다.

따라서 '지금 사용하는 것', '한동안 필요한 것', '보관할 필요가 있는 중요한 것' 이 세 가지에 해당되지 않는 서류는 전부 버리자.

참고로, 내가 말하는 서류에는 예전에 받은 연애편지나 친구에게 받은 편지, 일기는 포함되지 않는다. 그것은 추억의 물건에 해당되며 나중에 정리하면 된다. 이런 물건에 손을 대면 서류 정리 속도가 크게 떨어진다. 우선은 설렘과는 관계없는 서류만으로 범위를 좁혀서 단번에 정리하자.

나의 서류 정리법은 매우 간단하다. '보존'이냐 '미처리'냐 두 가지 기준으로 분류한다. 물론 서류는 전부 버리는 것이 원칙이지만, 남기는 경우에는 이 두 가지 기준을 적용하면 된다.

미처리 서류는, 말 그대로 자신이 처리해야 하지만 아직 처리하지 못한 서류다. 반송이 필요한 편지나, 제출 예정인 프린트, 읽어야 할 신문 등이 해당된다. 미처리 서류를 정리하는 기본적인 방법은 보관하는 장소, 즉 '미처리 서류 코너'를 만드는 것이다. 주의할 점은 이 장소는 정해진 '한곳'에 만들어야 한다는 것이다. 절대 분산해서 만들어서는 안 된다. 가장 좋은 방법은 서류를 세워 담을 수 있는 수납 박스를 미처리 코너로 정해두는 것이다.

보존 서류는 사용 빈도에 따라 다시 둘로 나눈다. 복잡하게 생각할 것 없다. 계약 관련된 서류는 사용 빈도가 낮고, 그 외에는 사용 빈도가 높다고 생각하면 된다.

사용 빈도가 낮은 보존 서류는 계약 서류로 보험증서나 보증서, 임대계약서 등이 해당된다. 이런 서류는 한동안 보관해두어야 한다. 대부분 이런 서류는 꺼낼 일이 별로 없어서 대충 보관하게 되는데, 이런 보존 서류를 정리하는 가장 좋은 방법은 클리어파일에 끼워두는 것이다.

사용 빈도가 높은 보존 서류는 계약 서류는 아니지만, 보존하고 싶은 서류들이 이에 해당한다. 예를 들면 잡지에서 오린 기사나, 세미나에서 받은 요약 프린트 등과 같이 가끔 보고 싶은 서류들이 해당된다. 이런 보존 서류는 책처럼 보기 쉬운 상태가 아니면 의미가 없으므로, 책 형태의 클리어파일에 수납하는 것이 좋다. 이런 서류는 방심하는 사이 양이 쉽게 늘어날 수 있다는 점에 주의해야 한다. 집 안에서의 서류 정리는 이 부분을 어떻게 줄이느냐에 달렸다고 해도 과언이 아니다.

요약하면, 서류는 '미처리 서류, 사용 빈도가 낮은 보존 서류(계약서 등), 사용 빈도가 높은 보존 서류(계약서 이외)' 세 가지로 분류하자. 각각 하나의 박스나 파일에 모아두되, 내용별로 다시 나누지 않는 것을 원칙으로 한다. 쓰기 편한 박스나 파일의 허용치는 반드시 3개까지다.

또 중요한 점은 미처리 박스는 '비어 있는 상태'로 유지하는 것을 목표로 해야 한다는 것이다. 미처리 박스에 서류를 남겨두는 것은, 인생에서 아직 처리하지 못한 일들이 많다는 것임을 인식하고 언제나 박스가 비어 있도록 노력하자.

31
버리기 어려운 서류의 효과적인 정리법

역할이 끝난 서류는
확인 후 버린다

서류는 전부 버리는 것이 원칙이지만, 버리기 어려운 서류도 있게 마련이다. 그런 서류를 어떻게 효과적으로 정리할 수 있는지 그 방법에 대해 알아보자.

세미나 자료

자기계발에 관심이 많은 사람이라면 마케팅이나 코칭, 로지컬 씽킹, 아로마테라피 등의 강좌에 가본 적이 있을 것이다. 이른 아침부터 시작되는 세미나도 있어, 내용뿐만 아니라 시간에 대한 선택의 폭도 넓어졌다.

사람들은 대개 세미나에서 받은 요약 리포트를 자신이 공부했다는 것을 입증하는 훈장과 같이 생각하여 쉽게 버리지 못한다. 공부에 열심인 사람일수록 방의 상당 부분이 이런 서류로 채워져 있는 것을 볼 수 있는데, 그 양이 과도하여 방에서 압박감이 느껴질 정도다.

광고대리점에 근무하는 M씨(30대)의 방은 사무실이라는 착각이 들 정도로 무수한 파일로 채워져 있었다. "전부 세미나에서 받은 교재들이에요" 하고 M씨는 말했다. 자타가 공인하는 세미나 마니아인 그녀는 지금까지 참가한 세미나 자료를 나중에도 볼 수 있도록 전부 파일로 정리해 보관하고 있었다.

하지만, "언젠가 다시 공부하고 싶어요"라고 말하는 사람 중에서 다시 공부하는 사람은 거의 없다. 고객들의 집을 정리하다 보면 같은 종류의 세미나 자료를 발견하는 경우도 많다. 세미나의 내용을 완전히 숙지하지 못한 것이다. 그 자체가 잘못되었다는 것이 아니라, 생각과 달리 과거의 자료를 다시 공부하는 일은 없다는 말이다.

세미나는 배운 내용을 실천하지 않으면 의미가 없다. 그곳에 참석해서 강좌를 듣는 순간이 의미가 있는 것이고, 세미나 후에 그 내용을 실행할 수 있느냐가 핵심이다. 일부러 비싼 돈을 지불하면서 세미나에 참석하는 이유는, 현장의 분위기와 강사의 열정 등을 느끼기 위해서다. 진짜 세미나 자료는 세미나 자체로 살아 있는 것이다.

따라서 세미나에서 받은 자료는 '전부' 버린다는 각오로 수강하자. 자료를 버린 후에 계속 후회가 된다면, 다시 한번 세미나에 참석하면 된다. 그리고 배운 것을 반드시 실행해야 한다. 자료가 늘 가까이 있으면 실행하지 못하게 된다.

카드 명세서

카드 명세서도 전부 버리는 것이 원칙이다. 카드 명세서의 본래 목적은 '지난달에 이런저런 항목으로 이만큼의 돈을 썼다'는 것을 알려주는 것이다. 따라서 명세서의 내용을 확인하고 '이렇게 썼구나' 하며 가계부에 옮겨 적는 즉시 버려야 한다. 명세서의 역할은 이미 끝났기 때문이다. 주저하지 말고 당장 버려도 괜찮다. 공공요금 자동이체 명세서도 마찬가지다. 이것도 과감히 버리자.

지금까지의 고객 중에 서류를 가장 버리기 어려워했던 사람들은 어느 부부 변호사였다. 이들 부부는 "만약 이 서류가 재판에 필요하면 어쩌지?" 하며 쉽게 서류를 버리지 못해 양이 줄지 않았다. 하지만 재판이 주요 업무인 그 부부도 결국 대부분의 서류를 버렸을 정도니, 명세서를 버리는 일은 걱정하지 않아도 된다.

가전제품 보증서

가정에 있는 서류 중에서 사람들이 대개 잘 정리해 보관하고 있는 것들은 바로 텔레비전이나 디지털카메라 등 가전제품 보증서다. 하지만 정리 방법에 약간 아쉬운 점이 있다. 일반적으로 사람들은 책 모양의 클리어파일을 여러 개 구비하여 각 제품의 보증서를 일일이 보관하는데, 이렇게 세분화해서 정리하다 보니 오히려 중요한 것들을 놓치는 경우가 많다.

파일로 정리해 관리할 경우, 대개 보증서와 같이 취급설명서도 같이 끼워두는데, 이들 설명서는 대부분 사용하지 않는다. 따라서 취급설명서는 전부 버려도 된다. 설명서를 읽어야 하는 제품은 디지털카메라나 컴퓨터 등인데 이들 제품은 설명서가 두꺼워서 파일에 잘 들어가지도 않는다. 지금 파일에 있는 제품들의 설명서는 버려도 문제가 되지 않는 것들이라는 말이다.

나는 고객에게도 설명서는 거의 버리라고 권하는데(심지어 디지털카메라와 컴퓨터 설명서까지도!), 고객들이 설명서가 없다고 불편해 한 적은 없었다. 혹시 문제가 발생해도 본인이 이리저리 만지다 보면 해결되고, 도저히 해결이 안 되는 경우는 구입한 가게에 문의하거나 인터넷으로 알아보면 되기 때문이다.

따라서 보증서의 가장 좋은 관리법은, 일반적인 납작한 클리어 파일에 제품의 구분 없이 넣어두는 것이다.

보증서를 사용할 기회는 1년에 한 번 있을까 말까 한다. 사용 빈도수가 이렇게 낮은 서류를 하나하나 정성스럽게 구분해서 보관할 필요는 없다. 보증서를 사용하게 될 경우에도 파일에 목차를 적어두지 않기 때문에 한 장 한 장 넘기면서 찾아야 한다. 그렇다면 파일에 한꺼번에 넣어두고, 찾을 때 전부 꺼내서 찾는 것과 시간이나 수고 면에서 크게 다르지 않다.

보증서의 경우는 지나치게 세분화해서 정리하면 오히려 찾아보기 힘들어서 기간이 지난 보증서가 쌓이게 된다. 하지만 한 개의 파일에 제품의 구분 없이 보증서를 넣어두면, 어떤 제품의 보증서 하나가 필요할 때마다 쉽게 찾을 수 있고 보증 기간이 지난 보증서도 쉽게 걸러낼 수 있다. 그러면 정기적으로 내용을 다시 확인하는 번거로움도 없앨 수 있고, 클리어파일은 어느 집이나 한두 개 갖고 있는 물건이라서 정리를 위해 파일을 구입할 필요도 없다. 게다가 제품마다 세분화해서 보관하는 경우보다 수납 공간을 1/10 이하로 줄일 수 있다.

연하장

연하장의 역할은 '올해도 잘 부탁합니다' 하고 새해 인사를 하는 것이다. 새해에 연하장을 받는 순간 그 역할은 끝난다. 따라서 다음 해에 연하장을 보내기 위해 주소를 참고하는 용도로 1년분만 남겨두면 된다. 이를 제외한 나머지 연하장은 전부 버리자.

사용이 끝난 통장

사용이 끝난 통장은 말 그대로 더 이상 사용하지 않는다. 다시 볼 일이 없을뿐더러, 다시 본다고 해서 예금액이 증가하는 것도 아니므로 전부 버리자.

32

소품류 정리법

소품은 쌓아두지 말고
설레는 물건만 남겨라

고객의 집을 방문해 서랍을 열면 이상한 상자가 하나씩 들어 있곤 한다. 왠지 멋진 이야기나 추억이 떠오르는 가슴 설레는 상자일 수도 있겠지만, 나의 경우는 전혀 설레지 않는다. 상자 안에 든 물건이 대충 상상이 가기 때문이다.

실제로 상자 뚜껑을 열면 거기에는 동전, 머리핀, 지우개, 예비 단추, 손목시계 줄, 다 쓴 건지 어떤지 모르는 건전지, 병원에서 처방받아 먹고 남은 약, 오래된 부적, 키홀더 등 각종 소품이 가득 들어 있다.

왜 상자에 이런 물건들을 넣어두었는지 고객에게 물으면 "그저 '무심코' 넣었어요" 하고 답한다.

그렇다. 소품은 무심코 놓이고, 무심코 수납되고, 무심코 쌓여가는 물건이다. 사전에서 '소품'을 찾아보니, "자질구레한 물건, 작은 도구류나 부속품"으로 정의되어 있다. 그러고 보니 무심코 다뤄지는 것도 이해가 된다.

하지만 이제는 '무심코' 소품을 쌓아두는 생활과 이별하자. 소품도 우리의 생활을 유지해주는 소중한 물건이기 때문이다. 옷이나 책을 정리할 때와 마찬가지로 하나하나 만져보고 설레는 것을 기준으로 버릴지 남길지를 판단해야 한다.

소품은 그 종류도 매우 다양해서 정리하기 복잡할 것 같지만, 다음과 같은 순서대로 정리하면 간단히 정리할 수 있다.

> CD·DVD류 → 스킨케어용품 → 메이크업용품 → 액세서리류 → 귀중품류(인감·통장·카드류) → 기계류(디지털카메라·코드류 등 전기 관련 물건) → 생활용구(문구·재봉 도구 등) → 생활용품(약류·세제·티슈 등의 소모품) → 주방용품·식료품 → 그 외 용품

이외에 개인적인 취미용품, 즉 스키용구나 다도茶道 도구를 갖고 있는 경우는 이를 하나의 종류로 묶어 한 번에 정리하자.

이렇게 순서를 정하는 이유는 보다 개인적인 물건이면서 종류가 확실한 것부터 정리하는 것이 편하기 때문이다. 만약 혼자 생활하는 경우라면 굳이 순서는 신경 쓸 필요 없고 종류별로 정리하면 된다.

대부분의 사람들이 '무심코' 갖고 있는 물건들이 너무 많다. 따라서 먼저 자신이 무심코 갖고 있는 물건이 어떤 것이 있는지 확인하고 설레는 것만 남기도록 해야 한다.

33
동전 정리법

동전은 보는 즉시
지갑에 넣어라

가방 바닥에는 100원짜리 동전이 뒹굴고, 서랍 속에는 500원짜리 동전이 굴러다니고, 책상 위에도 500원짜리 동전이 던져져 있고……. 이렇듯 동전을 아무렇게나 두는 사람들이 많다. 고객의 집을 정리할 때 빠지지 않고 발견되는 동전은 '무심코' 놔두는 소품 중 가장 대표적인 물건이기도 하며, 현관, 주방, 거실, 세면대 등 집 안 여기저기서 발견된다.

동전도 엄연한 돈인데 지폐에 비해 너무 험하게 다뤄지고 있다. 집 안에서는 동전이 별로 필요 없는데도, 이렇게 많이 발견되는 것 자체가 의아한 일이다.

집 안에서 동전을 발견하면 나는 '즉시' 지갑에 넣는다. 절대 저금통에 넣지 않는다. 그 상황에서 저금통에 넣어봤자 동전을 방치하는 장소를 바꾼 것에 불과하다.

특히 이사를 하지 않고 한 집에서 오래 살고 있는 사람들이 동전을 많이 모으는데, 나는 목표 없이 계속 저금한 동전을 지폐로 바꾸는 경우를 본 적이 없다. '모르는 사이에 동전이 쌓이니까 행복해서' 저금통을 갖고 있는 것이라면 지금이 바로 지폐로 바꿀 기회다. 또한 저금통이 가득 차면 무게가 꽤 나가서 은행에 들고 가기도 귀찮아진다.

사람들은 저금통이 가득 차면 이제 비닐 봉투에 동전을 담기 시작한다. 몇 년 후에는 동전으로 불룩한 비닐 봉투가 책장 안쪽에서 발견되곤 한다. 오랜만에 꺼내본 동전은 초록색이나 검정색으로 변색되어 있을 뿐만 아니라, 동전에 곰팡이가 생겨 불쾌한 냄새도 난다. 이쯤 되면 동전을 보고도 못 본 척하고 싶어진다. 동전 입장에서는 돈으로서의 자존심이 뭉개지는 순간이다.

따라서 앞으로는 '동전을 보는 즉시 지갑으로!'를 표어로 삼고 집 안에서 울고 있는, 무심코 쌓여가는 동전들을 구출해주자.

여담인데, 정리 레슨을 하다 보면 동전을 방치하는 것도 성별에 따라 차이가 나는 것을 알 수 있다. 남성의 경우는 주머니에 그대로 넣어두거나 선반, 책상 위 같은 눈에 띄는 곳에 방치하는 데 비해, 여성은 상자에 넣거나 주머니에 담아 서랍에 넣어두는 경향이 있다.

방치된 물건은
과감히 떠나보내라

설레는지, 설레지 않는지 생각할 필요도 없이 보는 즉시 버릴 수 있는 물건은 의외로 많다. 정리할 때 쉽게 버릴 수 없는 물건을 버리는 것도 중요하지만, 딱히 이유도 없이 갖고 있는 물건이 얼마나 되는지 파악하는 것도 중요하다. 사람들은 자기가 갖고 있는 물건에 대해, 그것을 갖고 있다는 자각조차 하지 못하는 경우가 많기 때문이다.

우리가 무심코 놔두고 있는 물건 중에서 버려야 할 물건에는 어떤 것이 있고, 그것을 어떻게 처리해야 하는지 알아보자.

선물
주방 찬장의 가장 위 칸에 놓여 있는 답례품으로 받은 식기류, 책상 서랍 속 여행 기념으로 선물받은 키홀더, 직장 동료에게 생일 선물로 받은 취향에 맞지 않는 향수 세트……. 이 물건들의 공통점은 '선물'이라는 것이다. 소중한 사람들이 자신을 위해 시간을 내서 골라준 마음이 담긴 물건이다. 그래서 이런 선물들은 선뜻 버리지 못하는 경우가 많다.

하지만 이 선물들을 아직 뜯어보지도 않고 상자에 두거나, 한 번 쓰고 그대로 보관해두었다면 솔직히 자신의 취향과 거리가 멀다고 인정해야 한다.

선물의 진짜 역할은 무엇일까? 그것은 상대방이 선사한 물건을 '받는 것'이다. 선물은 물건 자체보다는 마음의 표현이다. 그래서 받은 순간 설렘을 준 것에 감사하고, 그러고 나서는 버려도 괜찮다. 물론 가장 좋은 방법은 받은 물건을 진심으로 기뻐하며 잘 사용하는 것이다. 하지만 선물을 받은 당사자가 취향에 맞지 않는 물건을 억지로 쓰거나, 쓰지 않은 채 보관되어 있는 것을 보면서 괴로워하는 것은, 그것을 선물한 사람도 바라는 일이 아닐 것이다. 그렇게 방치된 물건들은 선물한 사람을 위해서라도 버리는 것이 낫다.

휴대전화 포장 케이스

휴대전화 포장 케이스는 구입 즉시 버리자. 취급설명서도 필요 없다. 필요한 휴대전화 기능은 사용하면서 쓸 수 있게 되므로 걱정하지 않아도 된다. 나는 함께 들어 있는 CD도 전부 버리는데, 이것을 버려서 지금까지 문제된 적은 한 번도 없다. 만일 문제가 생기면 휴대전화 대리점의 점원에게 물어보면 된다. 직접 설명서를 찾아보는 것보다 전문가에게 묻는 것이 훨씬 문제를 빨리 해결할 수 있다.

용도 불명의 코드

지금 앞에 놓인 코드를 보면서 '이게 무슨 코드일까?' 하는 것들은 단언하건대 평생 쓸 일이 없다. 수수께끼의 코드는 영원히 수수께끼다. '고장 났을 때 필요할 수도 있는데' 하고 걱정하지 않아도 된다. 내 경험상 많은 가정에서 똑같은 코드를 중복해서 보관하고 있는 것을 봐왔는데 용도 불분명한 코드를 버린다고 해서 문제될 일은 없다.

코드가 많은데도 무슨 문제가 생겼을 때 일일이 어떤 코드인지 확인하는 것이 귀찮아서 사람들은 코드를 새로 구입하는 경향이 있다. 실제로 그것이 빠른 해결법이기도 하다.

따라서 이 기회에 자신이 파악할 수 있는 코드만 남기고, 알 수 없는 나머지 코드는 전부 버리자. 아마 남아 있는 코드 중에도 이미 고장 나서 버린 본체의 것들도 많을 것이다.

예비 단추

보관하고 있는 예비 단추를 사용하는 일은 거의 없다. 단추가 떨어질 정도로 애용한 옷이라면 단추가 떨어진 시점에서 수명이 다하는 것이 대부분이기 때문이다. 단 재킷이나 코트, 특별히 오랫동안 소중히 입고 싶은 옷은, 구입했을 때 예비 단추를 옷 안쪽에 꿰매 달아두는 것이 좋다.

단추가 떨어져 없어져서 어쩔 수 없이 다른 단추로 바꿔 달아야 할 경우에도 세탁소나 수예점에 가면 다양한 단추가 많으므로 걱정하지 않아도 된다.

내가 현장에서 느낀 바로는, 예비 단추를 갖고 있는 경우에도 단추가 떨어진 상태로 그대로 입는 경우도 많았다. 예비 단추를 보관하든 버리든 실제로 잘 쓰지 않는다는 점에서 똑같은 것이다.

고장 난 텔레비전과 라디오

정리 레슨을 하다 보면, 고장 난 전기제품을 그대로 방치하는 가정이 많다는 것을 알 수 있다. 당연히 이런 제품을 갖고 있을 필요가 없다. 정리하는 기회에 당장 재활용품으로 처리하자.

손님용 이불

요, 이불, 베개, 담요, 시트 등 이불 세트는 부피를 많이 차지하는 물건이다. 정기적으로 손님이 오는 가정의 경우는 어쩔 수 없지만, 1년에 한두 번 손님이 올까 말까 한 가정의 경우 손님용 이불을 굳이 보관해둘 필요는 없다.

정리 레슨 때 나는 이불도 버리게 하는데, 이불을 버린 후에도 문제가 되는 일은 거의 없었다. 요즘엔 이불도 쉽게 대여가 가능하므로 이불이 꼭 필요한 경우는 대여해서 쓰는 것도 좋다. 실제로 손님이 와서 오랜만에 이불을 꺼냈는데 눅눅한 냄새가 나서 손님에게 낼 수 없는 상태일 때도 많기 때문이다. 따라서 손님용 이불을 보관하고 있는 경우 가끔씩 냄새를 맡아보고 잘 관리해둘 필요가 있다.

여행용으로 챙겨놓은 화장품 샘플

1년 넘게 쓰지 않고 놓아둔 화장품 샘플이 있는가 하면, 여행용으로 챙겨놓고도 막상 여행을 갈 때 가져가지 않는 샘플도 있다. 화장품 제조회사에 샘플의 사용 기간에 대해 문의해보니, 정확히 유통 기한이 정해져 있지는 않지만 대개 2주일에서 1년까지라고 한다. 하지만 샘플은 기본적으로 소량만 들어 있기 때문에 보통 용량의 화장품에 비해 빨리 변질될 수밖에 없다. 즐거운 여행에서 굳이 도전정신을 발휘하며 오래된 화장품을 쓸 필요는 없다. 따라서 화장품 샘플은 가급적 빨리 사용하고, 오래된 화장품 샘플은 냉큼 버리자.

유행이라서 구입했는데 방치되어 있는 건강용품

다이어트용 밴드, 두유 제조용 믹서, 승마형 다이어트 헬스 기구 등 통신 판매로 구입한 건강용품은 가격도 비싼데 제대로 활용하지 않는 경우가 많다. 비싸서 버리기 아까워하는 기분은 충분히 이해한다. 구입한 상품을 잘 사용하면 문제가 없지만, 마냥 방치해두고만 있다면 물건을 남길지 버릴지에 대해 생각해볼 필요가 있다.

건강용품처럼 잘 쓰지 않는 유행 상품은 사는 순간에 설렘을 줘서 고맙다거나, 짧은 시간 동안 건강하게 해줘서 고맙다는 위로의 인사를 표하고 떠나보내는 것이 좋다.

무료로 받은 광고 상품

페트병에 붙어 있던 클리너, 학원 이름이 새겨진 볼펜, 어느 이벤트 때 받은 부채, 음료 구입 시 공짜로 받은 마스코트, 약 이름이 새겨진 메모지, 5장 정도 들어 있는 기름종이, 새해 인사차 들른 거래처에서 받은 달력과 수첩(특히 사용하지 않은 채로 반년 이상 경과한 것) 등과 같은 물건에 가슴이 설렐 리 없다. 주저 말고 전부 버리자.

35
추억의 물건 정리하기

본가를 추억의 물건
피난처로 삼지 마라

의류, 책, 서류, 소품 정리를 끝냈다면, 드디어 '추억의 물건'을 정리할 차례다.

추억의 물건을 마지막에 정리해야 하는 이유는, 한마디로 버리기 어려운 물건이기 때문이다. 예전에 가슴 설렜던 물건을 버리면 추억도 사라져버릴 것 같은 기분이 들기 때문이다. 하지만 걱정하지 않아도 된다. 정말 소중한 추억은 그런 물건을 버린다고 해도 절대 잊히지 않는다. 그리고 잊고 싶은 과거의 추억이라면 잊는 것이 좋다.

우리는 '지금'을 살고 있다. 과거가 아무리 화려했어도 사람은 과거를 살지는 못한다. 지금 가슴 설레며 사는 것이 중요하다. 따라서 추억의 물건 역시 그것을 만졌을 때 '지금 설레는가' 하는 기준에 따라 버릴 것과 남길 것을 구분하면 된다.

추억의 물건과 관련하여 어느 고객의 사례를 하나 소개하겠다. A씨는 2명의 자녀를 둔 30세 여성으로, 모두 5명의 가족과 함께 살고 있다. 두 번째 정리 레슨을 위해 그녀의 집을 방문했을 때, 확실히 이전보다 물건이 줄어 있었다.

"A씨, 많이 노력하셨네요. 쓰레기봉투 30장 정도 분량의 물건이 줄었죠?"

"맞아요!"

A씨는 만면에 미소를 띠었다. 그런데 그녀의 다음 말에 나는 깜짝 놀라지 않을 수 없었다.

"남기고 싶은 '추억의 물건'은 전부 친정집에 보냈거든요."

나도 정리 일을 처음 시작했을 무렵에는, 물건을 보낼 곳이 있다는 것은 지방에 넓은 친정집을 둔 사람의 특권이라고 생각했다. 당시 나의 고객은 주로 수도권에 사는 독신 여성이나 비교적 젊은 기혼 여성이었는데 "시골집에 보내도 돼요?", "친정에 보내도 되나요?" 하는 질문에 "보낼 거면 당장 보내세요" 하고 가볍게 대답했던 시기가 있었다.

그런 경솔한 발언을 반성하게 된 계기는, 이후 고객이 늘어 지역과 연령층의 폭이 넓어지면서 '시골집'과 '친정집'의 실체를 알게 되었기 때문이다. 친정집처럼 손쉽게 물건을 보낼 수 있는 편리한 장소가 있다는 것이 정리 차원에서는 불행이라는 것을 깨닫게 된 것이다. 친정집에 빈 방이 남아돈다 해도 그곳은 무엇이든 넣을 수 있는 4차원의 주머니는 아니다. 게다가 일단 친정에 보낸 추억의 물건을 다시 가지러 가는 일은 없다. 친정에 보내는 것을 마지막으로, 그 박스가 열리는 일은 두 번 다시 없다.

A씨의 경우, 이후에 그녀의 친정어머니도 나의 정리 레슨을 받으러 왔는데, 어머니를 무사히 '졸업'시키기 위해서는 A씨의 짐이 무사할 수 없었다. 정리를 위해 A씨의 친정집에 가보니, 예전에 A씨가 썼던 방에는 책장과 옷장이 각각 하나씩 있고, 짐이 든 박스 2개가 남아 있었다. A씨의 방이 거의 그대로 보존되어 있었다.

A씨 어머니의 바람은 정리 후 '편히 쉴 수 있는 자신만의 공간'이 필요하다는 것이었다. A씨가 출가하여 그곳에 살고 있지 않는데도 어머니만의 공간이라고 할 수 있는 곳은 여전히 주방 정도였다. 지금 그 집에 살고 있는 어머니를 위한 공간은 없고, 결혼한 딸의 물건이 대신 자리를 잡고 있는 것이다. 아무리 생각해도 옳지 않은 상황이었다.

나는 A씨에게 연락을 했다.

"A씨가 친정으로 보낸 짐 정리가 끝날 때까지는, A씨도 어머니도 졸업할 수 없습니다."

A씨의 정리 레슨 마지막 날, 그녀는 "이제 걱정 없이 살 수 있어요"라며 활기 넘치는 목소리로 말했다. 친정에 보낸 자신의 물건을 정리한 모양이었다.

A씨가 친정집에 가서 박스 안의 내용물을 보니, 그 안에는 지난날 열정으로 써내려갔던 사랑의 일기, 옛날 애인과 찍은 사진, 그

리고 엄청난 양의 편지와 연하장 등이 들어 있었다고 한다.

"버리지 못하는 물건이라 대신 친정에라도 보내게 된 것 같아요. 다시 하나하나 꺼내 보니 그 시절을 이렇게 보냈구나 싶더군요. '그때 설렘을 줘서 고맙다' 하고 물건들을 버리면서, 제 과거를 돌아볼 수 있게 되었어요."

우리는 추억의 물건을 손으로 만지고 떠나보내면서 비로소 과거와 마주할 수 있다. 추억의 물건을 옷장 서랍이나 박스 안에 넣어둔 채로 보관하면 과거의 추억에 질질 끌려다니게 되고, 그것은 자신도 모르는 사이에 지금을 살아가는 나에게 '짐'이 될 수도 있다.

정리는 과거 하나하나에 결말을 내는 행위다. 추억의 물건을 정리하는 것은 인생을 새로 시작하는 첫발을 내딛는 '정리의 총결산'이라고 할 수 있다.

36
사진 정리 요령

사진은 마지막 단계에
한꺼번에 정리하라

수많은 추억의 물건 중에 가장 마지막으로 정리해야 하는 것은 바로 '사진'이다.

사진을 마지막으로 정리해야 하는 이유는, 지금까지 순서대로 정리를 해온 사람이라면 눈치챘을 테지만, 한참 정리를 하다가 여기저기서 발견되는 사진 때문에 정리 작업이 지체되기 때문이다.

예를 들어 책장의 책 사이, 책상 서랍 속, 소품이 들어 있는 상자 속에 사진이 있는가 하면, 종이 봉투나 투명 비닐에 사진 한 장만 달랑 들어 있기도 하다. 정말 믿을 수 없는 온갖 장소에서 사진이 출몰하기 때문에, 일단 사진은 다른 물건을 정리하는 동안 한곳에 모아두었다가 마지막에 몰아서 정리하는 것이 효율적이다.

사진을 마지막으로 정리하는 데는 또 다른 이유도 있다. 사진을 만졌을 때 설레는지 어떤지 판단이 되지 않는 단계에서 사진 정리를 하면 정리가 중단되어 수습이 되지 않기 때문이다.

하지만 '의류 → 책 → 서류 → 소품 → 추억의 물건' 순으로 올바른 정리 순서를 거쳐 왔다면 자신의 판단이 문제될 것은 없다. 스스로도 놀랄 만큼 설렘에 의한 판단법이 점차 정확해지기 때문이다.

시간이 걸리기는 하지만 사진을 제대로 정리하는 방법은 사실 한 가지다. 모든 사진을 앨범에서 빼내 하나하나 확인하는 것이다. 이렇게 말하면 "그런 무모한 짓은 절대 할 수 없다"고 말하는 사람이 있는데, 이 방법이야말로 진정한 의미에서의 사진 정리법이라고 할 수 있다.

사진은 그 당시를 찍은 개별적인 물건이나 다름없다. 그래서 한 장 한 장 제대로 봐줘야 한다. 그렇게 하면 자신도 놀랄 만큼 설레는 것과 설레지 않는 것이 확실히 구분된다. 당연히 설레는 사진만 남기고 나머지는 버리자.

이 방법으로 구분하면 하루 동안에 아무리 많은 사진을 정리한다 해도 대개 몇 장 정도만 남게 된다. 그날을 상징하는 베스트 사진 5장만 있으면 나머지는 머릿속에서 떠올릴 수 있기 때문이다. 정말 소중한 사진은 그리 많지 않다. 따라서 여행 중에 어디를 찍었는지도 모르는 '설렘 제로'인 풍경 사진은 전부 버리자. 사진은 찍을 때 설렘을 느끼는 것만으로도 충분하다. 인화된 사진은 이미 그 역할이 끝난 것들이 많다.

가끔 "노후의 재미로 사진은 남겨둘래요" 하며 정리가 안 된 상태의 사진을 박스에 넣어 보관하는 사람이 있는데, 절대 재미로 그 사진을 정리하고 보는 날은 오지 않는다.

내가 이렇게 단언하는 데는 근거가 있다. 사진을 남겨둔다고 말하고 주인이 손도 대지 않는 박스 속의 사진을 수차례 봐왔기 때문이다. 한 고객의 집을 방문해 정리를 하면서 "이건 무슨 박스예요?"라고 묻자, 고객이 "사진이요"라고 답했다.

"그럼, 제일 마지막에 정리해야겠네요."

"아니요. 그건 돌아가신 할아버지 물건이에요."

지금까지 정리 일을 하면서 똑같은 질문과 대답을 얼마나 많이 반복했는지 셀 수 없을 정도다. 그때마다 나는 참을 수 없는 기분이 든다. 시간이 흘러 노후를 맞아도 옛날 사진을 정리하는 것을 재미로 해서는 안 되기 때문이다. 사진은 지금 당장 정리해버리자. 나이 들어서 무거운 상자를 옮기기보다는 바로 지금 정리해서 옛날을 돌아볼 수 있는 상태로 정리해두자.

상자 개수만큼의 공간이 그 사람이 살아 있을 때 활용할 수 있는 공간으로서 존재했다면 그만큼 하루하루가 더 풍요로웠을 텐데 안타깝기 그지없다.

또한 사진과 마찬가지로 쉽게 버리기 힘든 것이 '자녀'와 관련된 추억의 물건이다. "아빠, 고맙습니다"라고 적힌 선물이나, 교무실 앞에 붙어 있던 아들의 그림, 딸이 직접 만들어 선물해준 재떨이 등이 바로 그것이다. 이런 물건들이 지금도 설렘을 준다면 보관해야 할 것이다. 그러나 단지 자녀에게 미안해서 버리지 못하고 남겨둔 것이라면, 성인이 된 자녀에게 그 물건에 대해 한번 물어보고 결정하자. 분명 "아직도 그런 걸 갖고 있어요? 얼른 버려요"라고 말할 것이다.

이외에도 자신의 어릴 적 성적표와 졸업장을 갖고 있는 경우도 있다. 예전에 한 고객의 집에서는 40년 전에 입던 교복을 발견한 적도 있는데, 순간 입이 쩍 벌어졌다. 이런 물건 역시 과감히 버려야 한다.

옛날에 교제했던 사람에게 받은 편지도 전부 버리자. 편지의 가장 큰 역할은 받은 순간의 감동에 있다. 편지를 보낸 본인은 정작 어떤 내용을 썼는지도 모르고, 보냈다는 사실조차 잊고 있을지 모른다. 마찬가지로 옛날에 사귀었던 사람에게 받은 액세서리는 물건 자체에 설렘을 느낀다면 갖고 있어도 좋지만, 그를 잊지 못해서라는 이유 때문이라면 처분해야 한다. 그렇게 하지 않으면 새로운 사람을 만날 기회를 놓치게 된다.

중요한 것은 과거의 추억이 아니다. 우리는 이처럼 물건 하나하나와 마주해 정리하는 과정을 통해, 과거의 경험을 거쳐 현재에 존재하는 자신이 가장 중요하다는 사실을 깨달을 수 있다. 공간은 과거의 자신이 아닌 미래의 자신을 위해 써야 한다는 점을 기억하자.

37
비품 정리 요령

비품은
최소한으로 줄여라

고객의 집을 정리하면서 놀라는 경우는 두 가지다. 즉 물건의 존재 자체에 놀라고, 물건의 양에 놀란다.

물건의 존재 자체 때문에 놀라는 일은 매번 일어난다. 가수로 활동하는 고객이 사용하는 음악 관련 기계들이나, 요리를 좋아하는 고객이 갖고 있는 최신 조리 도구 등 그야말로 '미지와의 조우'를 경험케 하는 물건을 보게 되는 것이다. 하지만 사람마다 취미나 직업이 다양하기 때문에 처음 보는 낯선 물건이 있는 것은 당연하다.

내가 진짜 놀라는 이유는, 일반 가정에서 당연히 볼 수 있는 물건이 도저히 믿기지 않을 정도로 대량 발견되었을 때다. 즉 대량의 '비품'들이 바로 그것이다.

나는 정리 일을 할 때, 고객의 집에 대략 어느 정도의 물건이 있고 얼마나 줄었는지를 기록한다. 그런데 '물건별 비축량 랭킹'은 속속 신기록이 갱신될 정도로 사람들은 물건을 참 많이도 쌓아놓고 지낸다.

예를 들어 최근 한 고객의 집에서 대량의 칫솔을 발견했는데, 그 이전까지의 기록은 최고 35개였다. 그 당시에는 "칫솔이 너무 많네요" 하고 웃어 넘겼는데, 다른 고객의 집에서 35개 기록을 가뿐히 넘은 60개를 발견한 것이다. 세면대 아래, 상자 안에 가지런히 놓여 있는 칫솔들은 가히 예술적이기까지 했다. 그렇게 쟁여두는 것을 보면, '칫솔을 문지르는 힘 때문에 칫솔모가 빨리 닳는 것은 아닐까? 치아 하나하나를 전부 다른 칫솔로 닦는 걸까?' 하고 별별 생각을 하게 된다.

그 외에도 주방에서 사용하는 랩을 30개 발견한 적이 있다. 주방 싱크대 위쪽 선반 문을 여니, 랩이 레고 블록처럼 쌓여 있었다. 고객이 "랩은 매일 쓰니까 쉽게 떨어져요"라고 말했지만, 그 집에 보관된 랩의 양은 일주일에 랩을 한 통씩 써도 반년 넘게 쓸 수 있는 양이었다. 일반적인 크기의 랩 길이는 한 통이 20미터인데, 따라서 일주일에 랩 한 통을 다 쓰려면 지름 20센티미터의 접시를 여유 있게 씌운다고 해도 수십 개는 씌워야 하는 것이다. 수십 개의 접시에 하나하나 랩을 늘리고 씌우는 모습을 상상만 해도 손목에 건초염이 걸릴 것 같다.

또 어느 고객의 집에서는 두루마리 휴지가 80롤이 나왔다. 그 정도 양이면 하루 한 롤씩 써도 석 달은 쓸 수 있는 양이다. 하루 종일 엉덩이를 닦아도 전부 쓸 수 있을지 의심스러울 정도다. '엉덩이가 닳아 없어질 것인가? 두루마리 휴지가 먼저 없어질 것인가?' 하고 생각하니, 고객에게 정리법을 전수하기 전에 엉덩이에 바를 연고를 선물해주고 싶은 심정이었다.

마지막으로 하나 더 소개하자면, 면봉이 200개들이 상자로 100상자, 즉 무려 2만 개가 나온 적도 있다. 하루 1개씩 면봉을 써도 다 쓰려면 55년이 걸리는 어마어마한 양이다. 아마 면봉이 없어질 무렵에는 귀지를 파내는 내공도 키워져서 놀라운 기술이 생겨날지도 모른다.

농담 같은 이야기 같지만 전부 실화다. 신기한 것은 고객 자신이 그 정도의 물건을 갖고 있다는 것을, 정리를 시작하고 나서야 알게 되는 점이다. 그리고 그렇게 많이 쟁여두었으면서도 늘 '물건이 부족하다', '재고가 떨어지면 어쩌나' 하고 불안해한다. 비품은, 이 정도면 안심이라고 정해진 양이 없다. 갖고 있을수록 그 물건이 떨어질까 불안해하는 사람들이 많다. 아직 2개 정도 여유가 있는데도 다시 5개를 사서 쟁여두는 것이다. 이런 예는 아주 빈번하다.

장사를 하는 가게라면 모를까 가정집에서 재고가 떨어져 난처한 경우는 별로 없다. 난처한 경우가 생긴다고 해도 '어머, 물건을 다 썼네' 하는 정도이지, 이 때문에 문제가 생겨 돌이킬 수 없는 사태가 일어나는 경우는 없다.

앞의 고객들 사례에서처럼 그렇게 발견된 대량의 비품들은 일단 사용하는 수밖에 없다. 하지만 계속 사다가 쟁여놓다가 제 기능을 못하게 되어 결국 버리게 되는 경우도 적지 않다.

따라서 내가 권하는 방법은 넘치다 싶게 많은 비품은 다른 사람들에게 주거나, 기부를 하거나, 재활용 상점에 팔아서 정리하는 것이다. '돈 주고 샀는데 아깝다'고 생각할 수도 있지만, 비품량을 줄여 간편해지는 것이 효과적인 정리를 위한 지름길이다.

일상 속에서 불필요하게 물건을 쟁여두지 않는 생활을 한 번 경험하면 해방감이 몸에 배어 절대 물건을 쟁여두지 않게 된다. 오히려 재고가 떨어졌을 때, 새로 물건을 구입하지 않고 얼마나 버틸수 있는지, 다른 물건으로 대용하거나 생략해보는 등 이런저런 궁리를 하는 재미가 생기기도 한다.

중요한 것은 지금 자신이 쟁여둔 물건의 양을 파악하고, 생활에 필요한 최소한의 양으로 줄이는 것이다.

38
물건의 적정량 생각해보기

물건의 적정량을
알게 될 때까지 줄여라

지금까지의 정리법을 간략하게 요약하면, '물건별'로 '올바른 순서'로 정리해 '설레는 물건'만 남기는 것이다. 그리고 이것을 한 번에, 단기간에, 완벽하게 해내면 된다.

이렇게 하면 소유하고 있는 물건이 크게 줄어든다. 무엇보다 정리로 인해 예전에 느끼지 못했던 상쾌함을 맛볼 수 있고, 앞으로의 인생에 자신감을 가질 수 있게 된다.

그런데 사람들은 자신이 갖고 있어야 하는 물건의 '적정량'을 알고 있을까? 짐작하건대 어느 정도가 적정량인지 대부분 모르는 듯하다. 사람은 태어날 때부터 대개 적정량 이상의 물건이 주어진 상태에서 살게 된다. 그러다 보니 자신이 무엇을 얼마나 갖고 있으면 쾌적하게 살 수 있는지 잘 알지 못하는 경우가 많다.

하지만 정리를 통해 물건이 줄어들면 어느 순간 자신의 적정량을 깨닫게 되는 순간이 찾아온다. 갑자기 머릿속에서 번뜩이듯 뭔가 떠오르면서 '나는 이 정도의 물건을 가지면 전혀 문제없이 살 수 있다' '이 정도만 있으면 행복하게 살 수 있다'는 느낌이 찾아온다. 이렇게 자신이 가진 물건의 적정량을 깨닫는 순간을 경험하게 되면, 그 이후로는 절대 물건이 늘지 않는다. 그래서 정리 리바운드가 일어나지 않는 것이다.

물론 적정량은 사람마다 다르다. 신발을 좋아해서 100켤레나 갖고 있는 사람도 있고, 책만 있으면 행복한 사람도 있다. 나처럼 외출복보다 실내복을 많이 갖고 있는 사람도 있고, 방에서는 알몸으로 지내기 때문에 실내복이 필요 없다는 사람도 있다. 놀랍겠지만 이런 사람도 의외로 많다.

정리를 해서 물건을 줄이면 생활 속에서 자신이 무엇을 중요시하는지 가치관을 확실히 알 수 있다. 어쨌든 효율적인 수납을 추구하기보다는 설레는 물건을 골라서 자신의 기준으로 생활을 즐기는 것이 정리의 진수가 아닐까 한다. 아직 자신이 갖고 있어야 하는 물건의 적정량을 깨닫는 순간을 경험하지 못했다면 물건을 계속해서 더 줄여도 된다.

39
자신의 '감정'을 기준으로 판단하기

감정 기준에 따라
필요한 것을 구분하라

"물건을 만졌을 때의 '설렘'으로 판단하세요." "많이 버린다고 걱정하지 마세요. 적정량을 깨닫게 되는 순간이 찾아옵니다."

이런 조언을 통해 눈치챘겠지만, 나의 정리법은 '감정'을 기준으로 한다. 설렘으로 판단한다거나, 적정량을 깨닫는 순간이 온다는 추상적인 표현 때문에 당혹스러워하는 사람들도 많으리라 생각된다. 하지만 기존의 정리법, 즉 '2년 동안 사용하지 않은 것은 버린다' '적정량은 재킷 7벌, 블라우스 10벌' '하나를 사면 하나를 버린다' 하는 식의 이상적인 숫자가 구체적으로 명시된 정리법은 정리 리바운드가 반복되는 원인이 된다. 타인이 제시한 기준에 자동적으로 따르는 노하우형 정리법으로는 일시적으로 깨끗해질 수는 있어도, 자기 형편에 맞지 않으면 결국 예전의 어수선한 상태로 돌아가게 된다.

사람이 어떤 환경에서 행복할지는 본인 외에는 정할 수 없다. 물건을 선택하는 것은 지극히 개인적인 행위이기 때문이다. 따라서 정리 리바운드되고 싶지 않다면, 자신만의 기준을 스스로 만들어야 한다. 그렇기 때문에 물건 하나하나에 대해 자신이 어떻게 느끼는지 확인하는 것이 중요하다.

물건을 버리지 않고 갖고 있다고 해서 물건을 소중히 하는 것은 아니다. 오히려 그 반대다. 자신이 제대로 물건을 관리할 수 있는 적정량으로 줄임으로써 물건과 자신과의 관계가 더욱 끈끈해진다. 물건을 버렸다고 해서 지금까지 인생에서 경험한 사실과 자신의 주체성이 사라지는 것은 아니다. 자신이 설레는 물건을 골라내는 작업을 통해 비로소 자신이 무엇을 좋아하고, 무엇을 원하는지 확실히 알 수 있다. 물건을 하나하나 만져보며 마주하는 것으로 많은 감정을 느끼게 된다. 그때 느낀 감정이 진짜다. '설레는가?' 하고 마음에 물어볼 때 자신이 느끼는 감정을 믿자. 그 감정을 믿고 행동하면 많은 일들이 순조롭게 풀리고 인생이 극적으로 변화될 수 있다. 인생에 마법이 걸린 것처럼 말이다. 그렇다. 정리는 인생을 빛나게 하는 마법이다.

PART 4

즐거운 공간을
디자인하는
수납 컨설팅

40
효과적 수납을 위한 전제 조건

모든 물건에
자리를 정하라

물건의 자리 정하는 법을 설명하기 전에, 일을 마치고 집으로 돌아온 후의 나의 일과를 잠깐 소개해볼까 한다.

　나는 문을 열고 집에 들어오면, 먼저 "다녀왔습니다!" 하고 인사한다. 현관에 벗어둔 어제 신었던 신발에게는 "어제는 수고했다" 하고 말을 건네며 신발장에 넣어두고, 오늘 신은 신발을 벗어 현관에 가지런히 둔 후, 주방으로 가서 주전자에 물을 담아 가스레인지에 올린 다음 침실로 간다. 그리고 바닥 카펫에 가방을 내려놓고 옷을 갈아입는다. 재킷과 원피스를 옷걸이에 걸면서 "오늘도 일 잘했다" 하고 위로한다. 스타킹은 옷장 근처에 있는 세탁용 바구니에 넣는다. 서랍에서 실내복을 기분에 맞게 골라 입은 후, 집에서 키우는 꽃에게도 "다녀왔습니다" 하고 인사를 건네며 잎사귀를 쓰다듬는다.

다음으로, 가방 안의 내용물을 카펫 위에 전부 쏟아 각각 제자리에 놓는다. 먼저 지갑에서 영수증을 꺼내고, 지갑을 침대 아래 서랍에 있는 지갑용 상자에 넣는다. 상자 옆에는 지하철 정기권과 명함 지갑을 둔다. 같은 서랍 속 핑크색 앤티크 케이스에는 손목시계와 집 열쇠를 넣고, 바로 옆 액세서리용 트레이에는 귀걸이와 목걸이를 둔다.

현관의 책장(신발장의 한 단을 책장으로 사용하고 있다)으로 가서 오늘 읽었던 책과 공책을 꽂아두고, 한 칸 아래에 있는 영수증 주머니에 지갑에서 꺼낸 영수증을 넣고, 옆의 전기제품 코너에 업무용 디지털카메라를 둔다. 사용이 끝난 서류는 주방의 가스레인지 아래에 있는 쓰레기통에 버리고, 오늘 도착한 우편물을 확인하면서 차를 끓인다. 읽은 우편물은 바로 쓰레기통에 버린다.

침실로 돌아와 가방을 파우치에 넣은 후 옷장 위 칸에 올리면서 "수고했다. 잘 자라" 하고 인사를 건네고, 옷장 문을 닫는다. 집에 돌아와 이렇게 하기까지는 5분 정도의 시간이 걸린다. 그리고 차를 마시면서 한숨 돌린다.

이렇게 내 일과를 소개하는 이유는, 모든 물건의 자리를 정해놓음으로써 피곤한 몸으로 집에 돌아와도 의식하지 않은 채 방을 정리할 수 있고, 매일 기분 좋은 느낌으로 보내는 시간을 늘릴 수 있다는 것을 보여주고 싶었기 때문이다.

물건 자리를 정할 때의 핵심은, 모든 물건이 자기 자리를 갖도록 해야 한다는 것이다.

"빠짐없이 모든 물건의 자리를 정하라니, 그러면 영원히 끝내지 못할 것 같다"고 걱정하는 사람들도 있는데, 모든 물건의 자리를 정하는 작업은 생각만큼 복잡하지 않다. 오히려 버릴 물건과 남길 물건을 구분하는 작업보다 간단하다. 물건별로 고르기 작업을 끝냈으면 그것들은 결국 같은 종류이므로, 그런 물건들끼리 가까이 수납하면 된다.

모든 물건의 자리를 정해야 하는 이유는, 하나라도 주소가 부정확한 물건이 있으면 방 안이 어지럽혀질 가능성이 높아지기 때문이다.

예를 들어 위에 아무것도 놓여 있지 않은 선반이 있다고 하자. 그 위에 주소가 정해지지 않은 물건을 하나 놓는다. 그러면 이 물건 하나가 정리에 치명적으로 나쁜 영향을 끼치게 된다. 주소가 정해지지 않았기 때문에 그 옆에 다른 여러 물건들이 따라오게 되어 있다. 마치 '전원 집합!' 하고 물건에 명령이 떨어진 것처럼 순식간에 주위에 물건이 늘어나는 것이다.

한 번 모든 물건에 자리를 정해주면 이후로는 불필요한 물건을 쌓아두는 일이 없어지므로 물건도 늘지 않는다. 이처럼 자신이 갖고 있는 모든 물건의 자리를 정하는 것이 수납의 본질이다. 이 본질을 외면하고 여기저기서 주장하는 노하우형 수납법을 따라할 경우, 설레지도 않는 물건을 잔뜩 쟁여두게 되어 결국 부정적인 상황이 초래된다.

아무리 정리해도 다시 어수선해지는 주된 원인은, 물건의 자리가 명확하지 않은 데 있다. 달리 말하면, 모든 물건의 자리가 정해지면 사용 후에는 제자리에 돌려놓기만 하면 된다는 말이다. 그것으로 깨끗이 정리된 실내를 유지할 수 있다.

처음부터 물건의 자리가 없으면 사용 후 어디에 두어야 할지 알수 없게 된다. 따라서 물건마다 자리를 정하고, 쓰고 난 후에는 반드시 제자리에 놓아두자. 이것이 효과적인 수납을 위한 전제 조건이다.

41
수납의 기본 원칙

수납은
최대한 간단히

정리 세미나에서 고객 방의 정리 전·후 사진을 보여주면 참가자들 모두 깜짝 놀란 표정을 짓는다. 사람들은 사진을 보고 "물건이 하나도 없는 방 같아요"라는 말을 가장 많이 한다. 실제로 바닥에 아무것도 놓여 있지 않은 것은 물론, 시야에 들어오는 물건이 전혀 없는 방으로 변했기 때문이다. 사진에서 보여준 사례의 경우 책장도 정리한 것인데, 책을 전부 버린 것이 아니라 옷장이나 벽장 안에 책장을 송두리째 집어넣은 것이다.

책장을 옷장 안에 넣는 기술은 나의 정리 주특기다. 지금도 옷장 안이 옷으로 미어터지는데 책장까지 넣을 공간이 어디 있냐고 생각하는 사람들이 많겠지만, 실제로 여유 있게 들어갈 수 있다.

지금 자신이 갖고 있는 수납 공간과 자신의 방에 있는 수납 공간이 완벽하다고 생각하자. 나는 지금까지 '수납 공간이 적어서 고민'이라는 불만을 수도 없이 들었지만, 실제로 수납 공간이 적은 집은 한곳도 없었다. 단지 불필요한 물건을 많이 갖고 있을 뿐이었다.

버릴 물건과 남길 물건을 제대로 고를 수 있게 되면, 지금 살고 있는 집과 지금 갖고 있는 수납 공간에 딱 들어갈 만큼의 물건만 남는다. 이것이 바로 '정리의 마법'이다. 신기하게도 설렘을 기준으로 한 판단법은 그 정도로 정확하다.

그래서 일단은 '물건 버리기'부터 실행해야 한다. 버리기가 끝나면 물건의 자리를 정하는 작업은 간단하다. 남은 물건이 이전보다 1/3~1/4로 줄었기 때문이다. 물건을 버리지 않은 채 수납을 시작하고 잘못된 수납 기술을 활용하면 정리를 해도 결국 다시 어수선한 잡동사니의 지옥에 빠지게 된다.

이렇게 자신 있게 말하는 이유는 내가 이미 그런 경험을 했기 때문이다. 지금이야 "수납을 잘할수록 물건에서 벗어날 수 없다", "수납은 일단 잊어라. 물건의 양을 줄이는 것이 중요하다"고 조언하지만, 얼마 전까지만 해도 내 머릿속의 90퍼센트는 수납에 대한 생각으로 꽉 차 있었다. 수납에 관해서는 일찍이 다섯 살 때부터 생각해왔기 때문에, 중학생 때 시작한 '물건 버리기'보다 오랜 경력을 갖고 있는 셈이다. 나는 책이나 잡지를 손에서 놓지 않고 온갖 수납법을 실천하면서 실패도 수도 없이 했다.

내 방은 물론이거니와, 오빠와 여동생 방, 그리고 학교에서 서랍 속 내용물을 뚫어져라 살펴보며 완벽한 배치를 위해 몇 밀리미터 단위로 내용물을 이리저리 옮기기도 했다. '이 서랍을 저쪽에 두면 어떨까?', '이 칸막이를 없애버리면 어떨까?' 하는 식으로 때와 장소를 가리지 않고 수납법을 생각했고, 잠자리에 들어서도 각종 수납 방법을 궁리했다.

그렇게 수납에 대한 열정적인 학창 시절을 보낸 결과, 수납이란 '공간을 얼마나 합리적으로 사용해서 많은 물건을 수납하는가' 하는 두뇌 게임이라고 생각하게 되었다. 그래서 가구의 빈틈을 발견하면, 일단 수납 상품을 이용해 물건을 쑤셔 넣고, 빈틈이 채워지면 스스로 흡족해하곤 했다. 어느새 수납을 자신과 물건과의 이기고 지는 싸움으로 인식해버린 것이다.

그래서 정리 컨설팅을 처음 시작했을 당시에도 고객 집의 수납을 설계하기 위해서는 기적 같은 수납법을 활용하지 않으면 안 된다고 생각했다. 잡지의 수납 특집 기사처럼 "이 틈에 선반을 만들어서 물건을 수납하다니!" 하고 주위가 깜짝 놀랄 만한 수납을 해야만 고객이 만족할 것이라는 압박감이 있었다.

하지만 그런 식으로 취향에 치중한 수납은 사용자보다는 그것을 만든 사람의 자기만족으로 끝나는 경우가 많다. 정작 그곳에 사는 사람에게는 사용하기 불편한 수납이 될 수도 있다.

어느 고객의 집에서 주방 수납 공간을 만들 때 일이다. 사용하지 않는 전자레인지의 턴테이블이 나왔는데, 원반이 이중으로 된 구조로, 중화요리점의 원탁 테이블처럼 위쪽 트레이가 회전하는 방식이었다. 전자레인지 본체는 없었기 때문에 버리면 될 텐데, 그것을 본 순간 '이것을 수납 도구로 활용하자'는 생각이 들었다. 하지만 크기와 두께가 꽤 되는 원반이라서 쉽게 쓸 만한 장소를 찾지 못했다.

그때 문득 "쟁여놓은 조미료와 드레싱이 많아서 관리가 잘 안 돼요" 하고 중얼거렸던 고객의 말이 떠올랐다. 싱크대 옆 찬장을 열어보니 병에 든 드레싱이 가득했다. 어떻게든 턴테이블을 활용하고 싶었던 나는 먼저 병들을 전부 꺼내고 턴테이블을 빈 선반에 앉혀 보았다. 사이즈가 딱 맞았다. 병들을 올려보니 마치 가게의 디스플레이처럼 세련된 수납 공간이 완성되었다. 턴테이블을 빙빙 돌리면 뒤쪽의 물건도 쉽게 꺼낼 수 있어서 편리했다. 고객도 "대단해요. 감동했어요!"라며 만족스러워했다.

그런데 다음 정리 레슨 날 주방을 확인해보니, 그 턴테이블 수납이 잘못되었다는 것을 알았다. 다른 장소는 전과 마찬가지로 깨끗했는데, 그 문 안쪽만 엉망이었다. 사정을 물어보니 턴테이블을 돌릴 때마다 드레싱 병이 미끄러져 이리저리 넘어지고, 쟁여놓은 드레싱 병들이 전부 들어가지 않아서 트레이 가장자리까지 채워 넣었는데 그 바람에 턴테이블이 잘 돌아가지 않는다는 것이었다.

어떻게든 놀라운 수납 공간을 만들어내려는 나머지 턴테이블 활용에만 신경을 집중해 그곳에 얹을 병들을 미처 생각하지 못한 것이었다. 생각해보면, 쟁여놓은 드레싱 병들은 당장 꺼내 쓸 물건이 아니므로 빙빙 돌릴 필요도 없고, 무엇보다 원형의 물건은 불필요하게 공간을 차지하게 되므로 수납에는 맞지 않다. 결국 그날 턴테이블을 바로 버렸다. 병은 사각으로 된 상자에 담아 선반에 수납했다. 매우 평범한 방법이지만, 이후 고객의 말을 들어보니 훨씬 사용하기에 편해졌다고 한다.

이런 경험을 통해 내가 내린 결론은, 수납은 최대한 '간단'하게 하자는 것이다. 머리로 수납 기술만 궁리하지 말고 집과 물건의 효용을 생각해봐야 하는 것이다.

방이 어질러지는 가장 큰 원인은 물건이 많기 때문이고, 물건이 많아진 원인은 자신이 갖고 있는 물건의 양을 제대로 파악하지 못해서다. 갖고 있는 물건의 양을 파악하지 못하는 것은 수납이 복잡하게 되어 있기 때문이다.

물건이 늘어나는 것을 막는 것은 수납법을 얼마나 단순화하느냐에 달렸다. 수납은 최대한 간단히 해서 자신이 갖고 있는 물건을 한눈에 파악할 수 있는 상태가 되어야 한다. 이것이 정리된 방을 유지하는 효과적인 수납법이다.

여기서 '최대한'이라고 하는 데는 이유가 있다. 아무리 간단히 수납한다 해도 모든 물건을 기억하기는 어렵기 때문이다. 나도 최대한 간단히 수납하려고 노력하는데도, 서랍을 열었을 때 '이게 여기 있었네' 하고 놀랄 때가 있다. 기존 정리법에서 말하는 사용 빈도별 수납이나 계절별 수납 등을 기준으로 서랍을 복잡하게 나누면, 햇빛도 못 보고 그대로 묵히는 물건들이 속출한다. 그래서 수납은 최대한 간단해야 한다.

42

집중 수납법

물건 주인과 물건을
한곳에 모아라

내가 권하는 수납법은 간단하다. '같은 종류의 물건은 한곳에 수납한다', '분산 수납하지 않는다' 두 가지가 전부다. 크게는 '물건의 주인'과 '물건별'로 고려해서 수납해야 한다. 이것은 다시 '가족이 함께 사는 경우'와 '혼자 사는 경우'로 나눠 생각하면 이해하기 쉽다.

혼자 생활하거나 자기 방이 있는 경우는 가장 간단하다. 그 공간에 물건별로 수납하면 된다. 어렵게 생각할 필요가 없다. 물건을 수납하는 방법은 버렸을 때와 똑같다. '의류, 책, 서류, 소품, 추억의 물건' 순으로 정리한 후 수납 공간을 만들면 된다.

물건별 수납 대신에, 적당히 소재별로 수납하는 방법도 있다. 이것은 물건을 종류별로 생각하기보다는 천류, 종이류, 전기제품류 등 '소재'가 비슷한 느낌의 물건들을 한곳에 모아 가까이 수납하는 것이다. 사용 빈도보다는 이렇게 물건별이나 소재별로 나누어 수납하는 것이 더 효과적이다. 설렘을 기준으로 물건을 선별하는 단계를 순서대로 수행했다면 누구나 잘할 수 있다. 집 안의 물건을 한곳에 모아서 하나하나 마주한 경험이 있기 때문이다. 지금까지 했던 물건 선별 작업은 물건의 수납 장소를 정하는 감각을 키우는 훈련이기도 하다.

가족이 함께 사는 경우는, 반드시 가족별로 수납 공간을 정확히 나누어야 한다. 이를테면 엄마, 아빠, 아이의 수납 공간을 정확히 결정해야 한다. 그리고 물건을 사용하는 사람이 그것을 각각의 공간에 전부 모아서 수납하면 된다.

이때 가족별 수납 공간은 가능한 한 사람당 한곳으로 정해야 한다. 한 사람의 수납 공간이 여기저기에 분산되어 있으면 순식간에 어지럽혀진다. 주인별로 물건을 한곳에 모으는 것은 정돈된 수납 상태를 유지하는 비결이다.

예전에 세 살 된 딸을 둔 한 고객이 "우리 아이가 정리를 잘하는 아이였으면 좋겠다"고 말한 적이 있다. 그녀의 집에 가보니 딸의 옷이 들어 있는 서랍은 침실에, 장난감은 거실에, 책장은 작은방에 각각 흩어져 있었다. 그래서 수납의 기본에 따라 아이의 물건을 작은방 한곳으로 전부 모았다. 그러자 그날부터 고객의 딸은 스스로 물건을 제자리에 두기 시작했다. 세 살 아이도 스스로 물건을 정리하는 것을 보고 나도 내심 놀랐다.

자신만의 공간이 있다는 것은 누구나 기분 좋은 일이다. '이곳은 나만의 장소'라고 의식하면 깨끗이 정리하고 싶어진다. 한 사람이 하나씩 방을 쓸 수 없다면 각자의 수납 공간을 한곳씩 정하라. 정리를 못하는 사람들의 이야기를 들어보면, 대개 어렸을 때부터 어머니가 자신의 방을 정리해주었거나, 지금도 자신만의 공간이라 여겨지는 장소가 없는 경우가 많다. 특히 주부의 경우, 옷 수납은 아이 옷장의 일부를 사용하고, 책 수납은 남편 책장의 일부를 사용하는 식으로 자신이 관리하는 자기만의 공간이 없었다. 이것은 정리 차원에서 매우 위험하다.

　사람은 누구나 자기만의 성역이 필요하다. 집을 전체적으로 정리할 때면 거실의 물건, 약, 세제처럼 가족이 함께 사용하는 생활용품부터 정리하는 사람이 많은데, 그 기분은 이해하지만 그런 것들은 나중에 할 일이다. 먼저 자신만의 물건을 직접 선별해서, 자신의 공간을 만들어 수납하자. 이것이 바로 정리의 기본이다.

43

물건의 자리에 따라 정리하기

동선과 사용 빈도는
무시하라

"동선을 고려해서 수납하세요."

이는 기존 수납 관련 책에 빠지지 않고 나오는 정리 요령이다. 물론 틀리지 않은 말이고, 실제로 동선에 따라 실행하기 편한 수납법을 강조하는 사람들도 있다. 하지만 내가 제안하는 정리법에서는 동선을 무시해도 된다.

주부 N씨(50대)의 집에서 있었던 일이다. 자신의 물건 정리가 무사히 끝나자, 이제 남편의 물건을 정리하고 싶다고 했다.

"남편은 리모컨이든 책이든 자신의 물건을 손에 닿는 곳에 두지 않으면 짜증을 내요."

N씨의 집 상황을 보니, 남편 물건의 수납 공간이 완전히 분산되어 있었다. 화장실에는 남편용 작은 책꽂이가 있고, 현관에는 남편

의 가방을 두는 자리가 있고, 욕실에는 남편의 속옷과 양말이 수납되어 있었다. 나는 크게 신경 쓰지 않고 내 지론대로 정리해 나갔다. N씨 남편의 속옷과 양말, 가방 등의 물건을 전부 이동시킨 것이다.

그러자 N씨는 "본인이 쓰는 장소에 물건을 두는 것을 좋아하는데, 짜증 내지 않을까 모르겠어요" 하고 걱정스러운 듯이 말했다.

많은 사람들이 물건은 '꺼내기 좋은 곳'에 수납하는 것이 좋다고 착각한다. 이것이 바로 함정이다. 집 안이 어지럽혀지는 이유는 물건을 제자리에 두지 않기 때문이다. 따라서 쓸 때의 편리함보다는 '제자리에 둘 때'의 편리함을 생각해야 한다. 어떤 물건을 찾아 써야 할 때, 우리는 그 물건을 사용하려는 행위에 더 집중하기 때문에 '꺼내는 수고'에 대해 거의 신경 쓰지 않는다. '보관하는 수고'를 하기 싫거나, '보관하는 장소'가 정해져 있지 않아서 집이 정돈되지 않는 것인데, 이런 부분을 착각하면 어지럽혀지기 쉬운 구조를 스스로 만들게 된다. 나처럼 뭐든 귀찮아하는 성격을 가진 사람이라면 집중 수납법을 사용하는 것이 단연 효과적이다.

N씨의 남편처럼 '항상 손이 닿는 범위에 물건이 있는 것이 편리하다'는 생각도 단순한 편견이다. 많은 사람들이 자신의 동선에 맞춰 수납을 결정하고 싶어하는데, 동선은 그 사람의 행동에 의해 정해지는 것이 아니라, 물건을 두는 장소에 의해 정해지는 경우가 대부분이다. 즉 지금 자신의 행동에 맞춰 수납을 하는 것처럼 보이지만, 사실은 아무 생각 없이 정한 수납에 맞춰 무의식적으로 생활

하는 것이다. 지금의 생활 동선에 맞춰 물건의 자리를 정하면 정리 문제는 해결되지 않을뿐더러, 수납 장소가 분산되니 물건이 늘어나기 쉬워진다. 게다가 거기에 무엇을 수납했는지 잊어버려서 결과적으로 생활하기가 더 불편해져 버린다.

사실, 일반적인 가정집 규모에서 동선을 고려하는 것은 큰 의미가 없다. 집 한쪽 끝에서 다른 한쪽 끝까지 천천히 걸어도 10~20초면 이동할 수 있는 넓이기 때문에 굳이 동선을 생각할 필요가 없다. 정리된 방에서 생활하고 싶으면 어디에 무엇이 있는지 알기 쉽게 수납하는 것이 훨씬 중요하다. 따라서 어렵게 생각할 필요 없이 집의 구조에 맞게 물건의 자리를 정하는 것이 효과적이다.

이런 이유로 내가 정리 레슨을 하는 집의 수납 방법은 매우 간단하다. 그래서 나는 어느 고객 집의 어디에 무엇이 수납되어 있는지 전부 기억한다. 그 정도로 간단하게 수납한다. 지금까지 모든 고객들에게 동선을 고려하지 않고 수납 공간을 설계했는데도 문제된 적은 없었다. 고객들은, 간단히 수납할 수 있는 공간을 한번 정하니, 물건을 둘 때 장소 때문에 망설이지 않게 되므로 저절로 제자리에 수납할 수 있어서 정돈된 상태를 유지할 수 있었다고 말한다.

비슷한 물건은 가까이 두고 사용하고, 한곳에 모아 수납하면 결과적으로 동선도 자연스럽게 이어진다.

동선과 마찬가지로 사용 빈도 역시 굳이 고려하지 않아도 된다. 기존 수납 책에는 '매일 사용하는 물건', '사흘에 한 번', '일주일에 한 번', '한 달에 한 번', '일 년에 한 번', '그 이하의 사용 빈도' 하는 식으로 무려 6단계로 분류해서 수납하는 방법도 나와 있는데 전혀 그럴 필요가 없다. 서랍을 6단으로 나눠 사용하는 상상만으로도 머리가 빙빙 돌 지경이다.

사용 빈도는 '높다', '낮다'로만 구분하면 된다. 서랍을 사용하다 보면, 사용 빈도가 낮은 물건은 안쪽으로, 높은 물건은 앞으로 나오게 되므로 자연스럽게 정리가 된다. 어디에 어떤 물건을 수납할지 정하는 단계에서 일일이 빈도까지 고려할 필요는 없다. 즉 물건을 버릴지 남길지 선별할 때는 설레는지 설레지 않는지 자신의 '몸'에 물어보고, 물건의 수납 장소를 정할 때는 '집'에 물어보면 되는 것이다. 그렇게 기억해두면 정리도 거침없이 빠르게 진행된다.

44
효율적인 공간 사용법

세울 수 있는 건
모두 세워서 수납하라

서류, 책, 옷 등 무엇이든 쌓아두는 사람이 있다. 내가 유일하게 고집하는 수납 방법이 있다면 바로 '세우기'다. 옷은 바르게 개어 서랍에 세워서 수납하고, 스타킹도 관리하기 쉽게 개서 세워서 수납한다. 서랍 속 문구용품도 마찬가지다. 스테이플러 심이 든 상자도, 지우개도 전부 세워서 수납한다. 노트북 컴퓨터도 책장에 말그대로 노트처럼 세워서 수납한다.

공간은 있는데 어떻게 수납해야 할지 모를 때는, 일단 물건을 세워보기만 해도 해결되는 경우가 많다. 물건을 세우는 이유는 쌓는 것을 피하기 위해서다. 물건을 쌓게 되면 공간을 제한 없이 쓰게된다. 그렇게 제한 없이 점점 위로 물건을 쌓다보면 물건이 마구늘어나는데도 인지하지 못하게 된다. 세우는 수납의 경우, 물건이 늘면 그만큼 수납 부분의 면적을 쓰게 되므로 물건이 늘어나는 것을 쉽게 알아차리게 된다.

또한 물건을 쌓으면 밑에 깔린 물건은 그만큼 힘을 받게 되고, 당연히 아래쪽 물건이 눌리게 된다. 우리가 오랜 시간 무거운 짐을 들고 있으면 힘든 것처럼 물건도 마찬가지다. 위에 물건이 쌓인 채로 두면 아래에 깔린 물건은 약해진다. 그렇게 되면 아래에 있는 물건의 존재감은 점점 희미해진다. 어느새 그 물건을 갖고 있다는 것 자체도 잊어버린다. 실제로 포개어 쌓아서 수납한 옷은 아래쪽에 있는 옷일수록 점점 입는 빈도가 낮아진다. '구입했을 때는 좋아서 샀는데, 왠지 설레지 않는다' 하는 옷들은 가장 아래에 깔려 있는 경우가 많다.

서류도 마찬가지다. 위에 다른 서류가 놓이는 순간, 아래 서류의 존재는 단번에 희미해진다. 그럼 아래쪽 서류를 깜빡하고 처리하지 않거나 뒤로 미루게 된다.

따라서 세울 수 있는 물건은 세워서 수납하자. 시험 삼아 지금 겹겹이 쌓여 있는 물건을 세워서 정리해보자. 그러면 자신이 갖고 있는 물건의 양을 파악하는 데도 도움이 될 것이다.

45
상자를 활용한 수납법

수납 용품을
새로 살 필요는 없다

시중에 판매되는 수납 용품을 보면 실용성이나 디자인 면에서 다양한 것들이 많다. 크기 조정이 가능한 칸막이, 옷장 폴에 걸 수 있는 천 소재로 된 선반, 가구 사이의 틈새 수납을 위한 좁은 선반 등 잡화점에 가면 편리한 신제품들이 너무 많아서 넋을 잃게 된다.

나도 예전에는 수납 용품 마니아였기에, 기본적인 수납 용품은 물론이고 아이디어 신상품까지 눈에 들어오는 것은 전부 구입했다. 하지만 그렇게 많던 수납 용품은 지금 거의 남아 있지 않다. 지금 집에 있는 수납 용품은 옷과 소품류가 들어 있는 서랍 모양의 투명 케이스와, 중학생 때부터 사용하는 수공예품 서랍, 수건이 들어 있는 등나무로 된 바구니 정도이며 전부 붙박이식 옷장 안에 들어 있다.

그 외에는 주방과 욕실에 선반이 있고, 현관에 신발장이 있다. 책과 서류는 신발장의 한 단을 쓰고 있기 때문에 책장도 없다. 붙박이식 수납 공간이 특별히 넓지도 않다. 오히려 조금 좁은 편이다. 평범한 서랍과 평범한 상자가 있으면 특별한 수납 용품은 필요 없다.

수업을 할 때 괜찮은 수납 용품 좀 알려달라는 질문을 자주 받는데, 고객들은 내 입에서, 지금껏 알려지지 않은 뭔가 새로운 비밀병기 같은 것을 기대하는 눈치다. 하지만 칸막이나 수납 용품을 새로 구입할 필요는 전혀 없다. 집에 있는 물건으로 충분히 수납을 해결할 수 있기 때문이다.

가장 활용하기 좋은 것은 '신발 상자'다. 그동안 여러 가지 수납 용품을 사용해보았지만 이만큼 훌륭한 수납 용품은 찾기 어려웠다. 나의 수납 용품 평가 항목인 크기, 소재, 견고함, 간편함, 설렘 정도에서 모두 최고점을 받았을 정도다. 전체 항목에서 치우침 없이 고루 균형을 이루는 데다 범용성이 높은 것이 가장 큰 매력이다. 그래서 고객의 집에 방문했을 때 "신발 상자 없나요?"라고 묻는 것이 습관이 되었다.

신발 상자 활용법은 무궁무진하다. 가장 많이 활용할 수 있는 것은 스타킹이나 양말을 담아 서랍 안 칸막이로 쓰는 방법이다. 상자의 높이가 스타킹을 감은 높이에 딱 맞기까지 한다. 샴푸나 세제 같은 생활용품을 넣어 세면대 아래쪽 선반에 수납하는 데도 안성맞춤이다. 주방에서도 미리 구입해둔 식료품이나 쓰레기봉투, 행주를 넣어두면 편리하다. 케이크나 타르트 틀처럼 사용 빈도가 낮은 제과용품을 한데 넣어서 선반 위 칸에 수납할 때에도 유용하다.

신발 상자의 뚜껑은 깊이가 얕아서 쟁반처럼 사용할 수도 있다. 주방 조리대 선반에 깔아 식용유나 조미료를 두고 쓰면 바닥이 지저분해지는 것을 막을 수 있다. 시중에서 판매하는 기름때 방지 시트보다 미끄러지지도 않고 교체하기도 훨씬 쉽다. 주방 서랍에 국자나 뒤집개를 넣어두는 경우, 서랍 안에 신발 상자를 깔아두면 미끄러짐을 방지해서 서랍을 열 때마다 덜그럭거리지도 않고 칸막이 역할을 해 빈 공간을 효과적으로 쓸 수 있다.

물론 신발 상자 외에도 수납에 활용할 수 있는 물건은 많다. 나는 명함을 만들면 넣어주는 플라스틱 케이스나, 애플사의 휴대용 음악 플레이어의 플라스틱 케이스를 자주 활용하곤 한다. 애플사 제품의 케이스는 크기도 디자인도 좋아서 서랍의 칸막이로 활용하기에 적당하고, 문구용품 수납에도 안성맞춤이다. 플라스틱으로 된 사각 반찬통도 주방의 소품 수납에 사용하면 효과적이다.

사각 상자라면 뭐든지 수납에 활용할 수 있다. 정리하면서 수납에 쓸 수 있는 상자를 발견하면 일단 한곳에 모아두고, 한 차례 정리가 끝날 때까지 그대로 두자. 단, 모든 정리가 끝나고 상자도 활용할 필요가 없다면 '이 상자, 언젠가 쓸지도 몰라' 하고 보관하지 말고 전부 버리자. 상자라 해도 종이 박스나 전자제품이 들어 있던 커다란 박스는 칸막이로도 쓸 수 없고, 수납 용품으로도 쓰기 불편하므로 전부 버리자.

원형이나 하트 모양 등 모양을 변형한 상자도 칸막이로 사용했을 때 공간 손실이 생기기 쉬우므로 수납에 적합하지 않다. 하지만 상자 자체에 마음이 설렐 때는 이야기가 다르다. 이런 경우는 버리거나 상자 그대로 두는 것은 비효율적이므로 의도적으로 수납에 활용할 수 있도록 시도해보자. 예를 들어 서랍에 넣어서 액세서리를 담거나, 면봉이나 재봉 도구를 담아보자. 상자와 그곳에 수납하는 물건의 조합은 세상에서 오직 자신만의 독창적인 작품이다. 자유롭게 이리저리 시도해보면서 즐기면 된다.

이런 식으로 집에 있는 물건을 활용하면 신기하게도 매번 딱 맞는 수납이 완성된다. 새로 수납 용품을 살 필요가 없다. 물론 시중에 판매하는 수납 용품에는 디자인이 예쁜 것이 많지만, 그보다 얼마나 신속하게 정리를 끝내느냐가 중요하다. 어중간하게 들어맞는 수납 용품을 사기보다는 정리를 완전히 끝내고 나서 선호하는 디자인의 상품을 찾으면 된다.

46
'가방 속 가방' 수납법

가방은 '가방 안'에
수납하라

어느 날 가방을 정리하다 보니 왠지 모르게 손해를 보고 있다는 기분이 들었다. 가방은 나름대로 좋은 장소에 수납하는데, 정작 그 가방 안은 무용한 공간으로 남아 있기 때문이었다. 하지만 가방은 접을 수도 없고 비교적 부피도 크다. 안에는 가방의 모양을 잡기 위해 일부러 종이를 둥글게 말아 집어넣기도 하는데, 그 자체로 많은 공간을 차지해서 수납 공간이 부족한 가정에서는 가방이 짐스럽게 느껴질 정도다.

그렇다면 가방을 수납하는 좋은 방법이 없을까?

이리저리 생각한 끝에, 나는 우선 안의 종이는 꺼내버리기로 했다. 그 대신 철 지난 옷을 넣어보았다. 여름에는 목도리나 장갑, 겨울에는 수영복으로 안을 채웠다. 이렇게 하니 가방의 모양도 잡히고, 사용하지 않는 소품도 수납할 수 있어서 일석이조였다. 그러나 기쁨도 잠시, 이 수납법은 1년도 채 안 되어 흐지부지되어버렸다. 이 방법이 나쁘지는 않지만 가방을 사용할 때마다 안에 든 소품을 전부 꺼내야 하는 것이 번거로웠기 때문이다. 또한 가방을 사용하는 동안에는 안에 든 소품이 옷장 안에 나뒹굴고 있어서 보기도 좋지 않았다.

나는 포기하지 않고 다른 방법을 궁리해보았다. 가방 안에 넣는 내용물이 쉽게 닳지 않고 보기에도 나쁘지 않으면 되는 것이다. 그래서 다음 방법으로 그 소품을 주머니에 담아 가방 안에 넣어보았다. 소품을 꺼내고 넣기에도 편하고, 주머니째 꺼내는 것이니까 보기에도 깔끔해서 만족스러웠다. 나는 이것이야말로 획기적인 방법이라고 생각했다.

하지만 의외의 함정이 있었다. 주머니 속 소품들은 당연히 밖에서는 보이지 않는다. 안에 들어 있는 것은 철 지난 물건이라서 계절마다 바꿀 필요가 있는데, 두 개의 주머니에 든 소품을 깜빡하고 바꾸지 않은 채 계절이 지나가 버렸다. 즉 그 소품들은 1년 동안 단순히 가방의 모양을 고정해주는 충전물 취급을 당한 것이다. 오랜만에 주머니를 열고 물건을 꺼내보았을 때, 물건들 모습 역시 보기 좋지 않았다. 평소 제철에 맞게 옷을 바꾸지도 않는데, 겉으로 보이지 않는 것을 계절별로 교환하자고 생각한 것 자체가 잘못이었다. 그래서 당장 충전물 대용 신세가 되었던 소품들을 주머니 안에서 전부 해방시켰다. 그러자 문제가 된 것은 자유를 얻은 소품들만큼 내용물이 빠져나가 흐물흐물해진 가방이었다. 역시 무언가를 채워주어야 했다.

이런저런 고민 중에 별 생각 없이 가방 안에 가방을 넣어보았다. 그런데 예상 외의 효과를 발휘했다. 가방 안에 가방을 넣었더니, 지금까지 필요 이상으로 차지했던 공간도 반으로 줄었다. 가방 안에 넣은 가방은 손잡이를 밖으로 꺼내놓으면 존재를 잊어버릴 염려도 없었다.

이처럼 가방을 수납할 때는 같은 종류의 가방끼리 겹쳐 넣어 보관하는 것이 요령이다. 탄탄한 가죽 가방, 겨울용 가방, 관혼상제용 가방 등이 여러 개 있으면 그것들을 각각 세트로 만들어 겹쳐 넣으면 된다. 이렇게 하면 용도에 따라 그 세트를 꺼내 고르면 되기 때문에 매우 편리하다. 여행용 배낭은 접으면 부피가 작아지므로, 몇 개 갖고 있다면 배낭 하나에 다른 배낭들을 접어 넣어 수납하면 된다.

주의할 점은 가방 안에 가방을 너무 많이 넣지 말라는 것이다. 가방 하나에 많아야 두 개가 좋다. 안에 넣은 가방의 존재를 잊어버릴 정도로 많이 포개면 안 된다.

가방의 올바른 수납법을 다시 한 번 정리해보자. 먼저 소재나 크기, 사용 빈도가 비슷한 가방을 짝을 지어서 큰 것 안에 작은 것을 넣어 차례로 포갠다. 손잡이는 전부 밖으로 꺼내놓는다. 이 가방들을 옷장이나 벽장에 전부 보이는 상태로 나열한다. 즉 옷장이나 벽장의 가장 위 칸에 책을 진열하듯이 가방을 세워서 둔다.

'가방 속 가방' 수납을 할 때, 어떻게 포개야 완벽한 세트가 되는지 궁리하면서 서로 맞는 것을 찾는 것도 흥미롭다. 마치 퍼즐을 맞추는 것 같다. 안에 든 가방과 밖의 가방이 서로 모양을 잡아주는, 크기가 딱 맞는 완벽한 짝을 발견하면 운명적인 만남의 순간을 목격하는 것 같아서 절로 기분이 좋아진다.

47

가방 안 물건 정리 요령

매일 가방을
비워라

지갑, 휴대전화, 수첩, 정기권 케이스는 대부분 매일 갖고 다니는 물건들이다. 이런 물건의 경우 "어차피 매일 갖고 다니는 거라서 늘 가방 안에 넣어둔다"는 사람도 많은데 이는 올바른 수납 방법이 아니다. 가방 안을 물건의 자리로 삼아서는 안 된다.

가방의 본래 역할은 외출 시 물건을 운반하는 것이다. 서류나 휴대전화, 수첩 같은 물건을 전부 넣어서 불룩해진 상태로 이리저리 끌려다니거나 부대껴도 묵묵히 몸을 아끼지 않고 제 역할을 다한다. 진정한 일꾼인 것이다. 그러니 적어도 집에 있는 동안만이라도 가방을 충분히 쉬게 해주자. 가방을 사용하지 않을 때도 물건을 넣어두는 것은, 위에 음식물이 가득 채워진 상태로 잠을 자게 하는 것과 마찬가지다. 그처럼 가방도 힘들 것이라는 말이다.

실제로 이런 상태로 보관하는 가방은 쉽게 찢어지거나 금방 낡아버린다. 게다가 가방 안에 물건을 담아두는 것이 습관이 되면 가방을 바꿀 때마다, 물건을 안에 남긴 채 방치하게 되어, 어느 가방에 무엇이 들어 있는지 파악하지 못하는 상태가 되어버린다. '펜이 없네?', '립크림이 어디로 갔지?' 하며 필요한 물건을 찾지 못해서 계획에 없던 돈을 쓰게 된다.

참고로, 가방 안의 물건을 정리할 때 보면 그 안에서 가장 많이 발견되는 것들은 길에서 받은 티슈, 동전, 꾸깃꾸깃해진 영수증, 씹고 난 후 종이에 싼 껌 등이다. 이런 것들과 중요한 인감이나 메모, 서류, 액세서리가 섞여 있으면 당연히 곤란하다.

그래서 가방은 사용한 후에는 매일 안을 비워야 한다. 귀찮은 일이라고 꺼리는 사람들도 있겠지만, 매일 갖고 다니는 물건의 자리만 정하면 간단하다.

먼저 상자를 하나 준비하자. 거기에 사원증, 정기권 케이스, 수첩, 주머니 등을 세워서 수납한다. 이것을 옷장 서랍이나 벽장에 그대로 넣으면 끝이다.

이때 상자는 어떤 것이든 상관없지만 적당한 것이 보이지 않으면 이 경우에도 신발 상자를 사용하자. 서랍 안을 공간으로 정해 물건을 넣고자 할 경우에는 굳이 상자가 없어도 된다. 벽장에 상자를 둘 경우는 외형도 중요하므로 마음에 드는 상자를 준비하는 것도 좋다. 상자를 두는 장소는 투명 플라스틱 케이스 같은 서랍이 적당하다. 아무튼 가방을 두는 장소와 가까운 곳이 편리하다.

물론 나도 가끔 어떤 날은 가방 안을 비우지 못한다. 밤늦게 들어왔는데 다음날 아침 일찍 나가야 하고, 같은 가방을 들 경우에는 안의 내용물을 꺼내지 않는다. 집에 돌아와서 원고를 써야 하는 요즘은 심지어 옷도 갈아입지 않은 채 거실에 쓰러져 잠이 들 때도 있다.

중요한 것은 가방 안의 물건마다 수납 장소를 정해주고, 집에 돌아왔을 때 가방이 빈 상태로 쉴 수 있는 환경을 만드는 것이다.

48
효율적인 벽장 수납법

선반과 넓은 공간을
이용하라

집에 벽장이 있는 경우 방에 있는 대부분의 물건은 수납이 가능하다. 일본의 집에는 대개 벽장이 있는데 이 공간은 엄청난 수납력을 갖고 있다. 안도 깊고, 위 칸이 따로 있어서 상하로 구분된 공간은 수납할 때 큰 장점이다. 하지만 넓은 공간에 비해 그것을 효율적으로 활용하는 사람은 많지 않은 것 같다.

이런 고마운 수납공간이 있는 집은 일단 기본에 충실해서 수납하면 물건을 정리하는 데 큰 문제가 없다. 괜히 수납 기술을 시도하고 기적의 수납을 하려다가 사용하기 불편한 수납 공간을 만들지만 않는다면 말이다.

벽장을 효율적으로 활용하기 위한 기본적인 수납 방법은 다음과 같다.

먼저 벽장 위 칸에는 계절별 물건을 수납하자. 각종 전통 인형이나 크리스마스트리 등을 수납하자. 이외에도 스키나 등산용 아웃도어용품이나, 레저용품도 수납하자. 결혼식 사진처럼 크기가 커서 책장에 넣을 수 없는 사진이나, 앨범을 수납하는 데도 적당하다. 이 경우 종이 박스에 넣어 수납해서는 안 된다. 책장에 꽂을 때처럼 벽장의 위 칸에 세워서 수납하자. 그렇게 하지 않으면 평생 꺼내보지 않게 된다.

벽장에 옷을 수납할 때 클리어 케이스를 사용할 경우 박스형보다는 서랍형이 좋다. 박스형 케이스에 옷을 보관하면 꺼내기 귀찮아서 박스를 열지도 않고 그대로 계절이 지나는 경우가 많기 때문이다.

이불을 보관한다면 위 칸이 적당하다. 비교적 습기가 차지 않고 먼지가 잘 쌓이지 않는다.

벽장 아래 칸은 선풍기나 히터 같은 가전제품을 보관하자.

벽장은 내부가 넓어서 수납 공간보다는 일종의 작은 방이라고 생각하는 것이 좋다. 따라서 수납 용품을 활용하지 않는 것은 비효율적이다. 고객 중에 벽장에 직접 옷을 수납하는 사람이 있었는데, 문을 열자 옷이 수북이 쌓여 있는 모습이 볶음국수 같기도 하고 심지어 쓰레기장 같아 보였다.

벽장의 공간을 활용해 밖에 나와 있는 수납 코너를 그대로 안에 넣어도 좋다. 철제 선반이나 책장을 벽장에 수납하는 방법이 일반적인데, 컬러 박스를 벽장 안에 넣어서 책장으로 사용하는 방법도 있다.

그 외에도 방 한편을 차지하는 부피 큰 물건들, 예를 들어 여행 가방, 히터 같은 가전제품, 골프가방, 기타도 벽장 안에 수납하자. 이렇게 부피가 큰 물건들을 벽장에 수납하는 것이 무리라고 생각하는 사람들도 있겠지만, 버리기를 철저히 하면 어렵지 않게 수납할 수 있다.

49
욕실용품과 주방용품 관리법

욕실에는
아무것도 두지 마라

욕실에 있는 샴푸나 린스처럼 가족에 따라 다른 용품을 쓰거나 기분에 따라 바꿔 쓰는 용품이 있거나, 일주일에 한 번만 쓰는 트리트먼트제가 있으면 욕실용품의 양이 의외로 많아진다. 이것들을 욕실 청소 때마다 전부 꺼냈다가 다시 놓는 것도 여간 귀찮은 일이 아니다. 게다가 이런 제품들 통을 욕실 바닥에 두면 통 아래쪽에 물때가 낀다.

그래서 물이 잘 빠지는 철제 선반에 욕실용품을 수납하는 경우가 많은데, 사실은 이게 더 골치 아프다. 철제라고 해도 젖은 채 두면 언젠가는 물때가 끼기 때문이다.

우리 집도 예전에는 철제 선반을 사용했다. 크기도 커서 비누, 샴푸, 헤어 팩까지 전부 둘 수 있으니 가족들이 편리하다고 좋아했다. 처음에는 샤워할 때마다 선반의 물기를 닦았지만, 쓰다 보니 철틀 하나하나의 물기를 수건으로 닦는 것이 귀찮아서 사흘에 한 번, 닷새에 한 번, 그러다가 물기를 닦는 빈도가 차츰 낮아졌다. 그렇게 시간이 지나면서 선반 정리하는 것을 잊었을 무렵, 샴푸를 쓰려고 통을 들었는데 바닥이 불그스름했다. 깜짝 놀라서 바닥을 보니 물때가 잔뜩 끼어 있었다. 어쩔 수 없이 청소를 해서 깨끗이 씻어냈지만 매일 청소하는 것도 귀찮고, 씻을 때마다 선반이 보이면 물때가 떠올라서 결국 사용하지 않기로 했다.

욕실은 온도와 습도가 높아서 물건을 두기에는 적합하지 않은 장소다. 수납 용품이라 해도 그것 때문에 욕실에 두는 물건이 늘어나서는 안 된다.

그렇다면 애당초 샴푸나 헤어린스는 사용할 때 외에 욕실에 둘 필요가 있을까? 특히 가족과 다른 용품을 사용할 경우, 자신이 쓰지 않는 동안에도 샴푸는 따뜻하게 데워져 변질될 우려가 있다. 그래서 나는 욕실에는 아무것도 두지 않기로 했다. 어차피 샤워할 때 사용하는 것은 사용 후 물기를 닦아야 한다. 그렇다면 샴푸든 뭐든 매일 사용한 후에 쓰고 난 수건으로 물기를 닦아서 욕실 밖 수납장에 두면 된다. 매번 쓰고 닦아서 보관하는 것이 귀찮을 것 같지만 실제로 해보면 훨씬 편리하다. 욕실 청소도 쉽게 끝낼 수 있고, 물때도 끼지 않고, 무엇보다 선반 청소에 시간을 들이지 않아도 된다.

주방의 싱크대 주변도 마찬가지다. 주방 세제와 스펀지를 싱크대 가까이 두고 사용하는 사람이 많은데, 나의 경우에는 이것들을 싱크대 아래쪽에 수납한다. 이때 중요한 것은 스펀지를 완전히 말리는 것이다.

싱크대 안쪽에 흡착판으로 붙이는 수세미 거치대를 달아 이용하는 사람도 있는데, 이것은 철거하는 것이 좋다. 이 위치는 물기 때문에 스펀지가 마르지 않아서 냄새가 나고 비위생적이기 때문이다. 스펀지는 사용 후 물기를 제거해 말리는 것이 가장 위생적이다. 행주걸이가 없으면 싱크대 아래 선반의 손잡이에 빨래집게로 집어서 말리자. 가장 좋은 방법은 베란다에 널어서 말리는 것이다.

참고로, 나는 그릇이든 스펀지든 도마든 소쿠리든 전부 베란다에서 말린다. 이렇게 하면 식기 건조망도 필요 없고 주방을 늘 깨끗이 유지할 수 있다. 아침에 설거지를 하고 나서 그것들을 베란다에 내버려두면 끝난다. 혼자 생활하는 사람은 설거지 양이 적으므로 적극 권하고 싶은 방법이다.

그럼 조미료는 어떻게 수납할까? 소금, 후추, 간장, 기름은 사용 빈도가 높고, 조리 도중에도 자주 써야 하니 조미료는 손에 닿는 장소에 두는 것이 편하다. 대개는 가스레인지 주위에 조미료를 두는데, 만일 그렇게 하고 있다면 즉시 조미료들을 피난시켜야 한다. 특히 가스레인지 주위는 기름이 자주 튀기 때문에 주위에 조미료를 보관하면 통이 어느새 기름으로 끈적끈적해진다. 그런데다가 자질구레한 병들이 여러 개 놓여 있으면 청소하는 것도 귀찮아져서 주방 전체가 항상 번들댈 수 있다.

주방의 선반은 조미료를 수납하기 위한 공간이 마련되어 있으므로, 본래의 장소에 수납하자. 가스레인지 옆에 긴 서랍이 있다면 그곳에 수납해도 괜찮다. 이 서랍이 없는 경우에는 식탁용 나이프나 긴 젓가락을 보관하는 서랍을 조미료 수납대로 쓰면 된다. 이 서랍도 없다면 가스레인지 받침대 아래에 조미료 코너를 만들어 보자.

50
물건 구입 후 먼저 할 일

물건의 포장지는
바로바로 뜯어라

고객의 집을 정리하면서 의아한 경험을 한 것이 한두 번이 아니지만 그중 단연 이상했던 것은 포장지째 수납된 물건들이었다. 식품이나 위생용품이라면 모를까 왜 양말이나 속옷 같은 의류까지 포장지째 서랍에 넣어두는 것일까? 버석거리고 부피도 크고, 갖고 있다는 것 자체를 잊어버릴 우려도 있는데 말이다.

그러고 보니 나의 아버지도 양말을 몰아서 사는 것을 좋아했다. 슈퍼에 갈 때마다 검정색이나 회색 신사용 양말을 사서는 포장지째 서랍에 넣었다. 아버지는 회색 스웨터 스타일을 좋아하셨는데 새 스웨터가 포장지째 벽장 안에서 발견되곤 했다.

나의 아버지만 그런 줄 알았는데, 고객의 집 정리를 하다 보니 아버지와 같은 사람이 꽤 많았다. 물건을 한꺼번에 몰아서 사는 경우를 살펴보면 대개 자신이 즐겨 입거나, 자주 사용하는 기본적인 상품이다. 그중에서도 가장 많은 것은 역시 양말과 속옷, 스타킹 같은 소모품이다.

하지만 그 양이 너무 많다는 것이 문제다. 포장지째 쟁여놔도 소유욕이 생기는지, 전에 산 것도 뜯지 않았는데 또 사서 쟁여둔다. 참고로, 지금까지 포장지째 수납된 스타킹 양 최고 기록은 82켤레였다. 투명 플라스틱 서랍 하나에 스타킹만 한가득 들어 있었다.

물론 구입한 후 그대로 서랍에 넣으면 편하긴 하다. 쓸 때마다 포장지를 벗기는 것이 즐거울 수도 있다. 그러나 사용할 때까지 포장지째 쟁여둔 상태와, 필요할 때 가게에서 사는 것은 보관하는 곳이 집이냐 가게냐 하는 차이만 있을 뿐 달라지는 것은 없다. 오히려 필요할 때 구입하면 최근에 출시된 새로운 상품을 사용할 수 있다. 따라서 앞으로는 불필요한 구입은 자제하고, 필요할 때 사서 즉시 포장지에서 내용물을 꺼내 수납하도록 하자.

이미 쟁여둔 물건이 많은 경우에는 적어도 포장지에서 꺼내어 수납하자. 옷을 포장지째 쟁여두어서 이로울 것은 하나도 없다. 스타킹을 포장지째 수납하는 경우가 가장 많은데 이것 역시 바로 포장지에서 꺼내야 한다. 스타킹의 포장지는 내용물이 보이도록 하기 위해 스타킹을 늘리는 종이가 들어 있는데, 이것은 집에서는 필요 없다. 스타킹을 포장지에서 꺼내 접어서 수납하면 부피는 1/4로 줄어든다. 그러면 꺼내 쓰기도 편리하다. 물건은 포장지에서 꺼내야만 비로소 '구입'한 것이 된다.

마찬가지 예로, 고객의 옷을 정리하다 보면 가격표나 브랜드 태그가 그대로 붙어 있는 스커트와 카디건 등을 종종 발견한다. 대개는 그 존재를 잊고 있다가 "어머, 이런 옷을 갖고 있었네?" 하고 오랜만에 본 것처럼 반응한다. 그런 옷들은 특별히 옷장 안쪽 깊숙한 곳에 수납되어 있는 게 아니라 다른 옷들과 마찬가지로 폴에 걸려 있다. 그런데도 눈에 들어오지 않는 이유는 뭘까?

궁금해하던 차에, 나는 태그가 달린 상태의 물건에 대해 알아보기 위해 백화점의 옷 매장을 관찰하러 갔다. 그렇게 몇 번이나 매장을 주의 깊게 살펴보다가 드디어 집에 있는 옷과 매장에서 파는 옷의 차이를 알게 되었다. 상품으로서 매장에 걸려 있는 옷은 옷장에 걸려 있는 옷에 비해 확실히 낯설고 차가운 느낌이 있다. 상품으로서의 옷과 개인의 옷은 그 기운이 다르다. 가격표가 붙어 있는 옷은 새치름한 느낌이 그대로 남아 있는 것이다.

매장에 있는 옷은 '상품'이고, 집에 있는 옷은 엄연히 '우리 집 것'이다. 태그가 달린 채 있는 옷은 우리 집 것이 될 수 없다. 벽장에 걸려 있는 우리 집 물건이 태그에 눌려 존재감이 희미해지는 것이다. 그래서 입을 옷을 고를 때 자연히 그 옷이 눈에 들어오지 않게 되고 그러는 사이에 잊힌다.

물건은 구입할 때부터 우리 집에 받아들여서 우리 집 것으로 키울 각오를 해야 한다. 옷을 구입했으면 바로 태그를 떼라. 옷이 상품이 아닌 우리 집 것으로 살기 위해서는 가게와 이어져 있던 탯줄을 잘라주는 의식이 필요하다.

51
포장 패키지 제거하기

수납 상자에
적힌 글자는 지운다

정리 초보에서 상급자로 발전하면, 물건의 양과 수납법의 문제는 한 차례 통과했기 때문에 편한 공간에 대해 추구하는 생각이 달라진다. 고객 중에는 나의 정리 레슨이 더 이상 필요하지 않을 정도로 깔끔하게 정돈된 집에서 살고 있는 사람들이 있는데, 그럼에도 종종 정리에 대한 도움을 구하기 위해 나를 찾아올 때가 있다.

K씨(30대)는 남편과 여섯 살 된 딸을 둔 가정주부다. 그녀는 어렸을 때부터 정리를 좋아해서 물건을 버리는 데 저항감이 없다고 했다. 그녀는 첫 번째 정리 레슨 날에만 책은 200권 이상, 물건은 쓰레기봉투 32장 분량을 줄인 우등생이다.

그녀는 한 달에 한 번 자녀 동반으로 친구와 모임을 갖거나, 정기적으로 집에서 꽃꽂이 교실을 열어서 집에 손님이 자주 오는 편이라고 했다. 그래서 평소에도 그런 점을 의식해 언제든 부끄럽지 않도록 집 안을 정리한다고 했다.

그녀의 집은 방 2개, 거실, 주방으로 되어 있고, 수납 공간으로 붙박이 옷장과 수납장, 그리고 키 높이 정도의 철제 선반 2개가 있었다. 물건은 거의 이 수납 공간에 정리되어 있었다. 바닥이 나무로 된 거실에는 물건도 없고 반짝반짝 윤이 났다. 그녀의 친구들도 "너는 더 이상 어딜 정리하려는 거니?" 하고 말할 정도라는데, 본인은 흡족하지 않은 것 같았다.

그녀는 내게 "물건은 적지만 안정되지 않고, 뭔가 부족한 것 같아요. 아무튼 흡족하지 않아요"라고 말했다.

실제로 집을 둘러보니, 그녀의 말처럼 실내는 깔끔한데 어딘가 마음에 걸렸다. 이럴 때 내가 확인하는 곳이 바로 문이 달린 수납 공간 내부다. 이에 주로 사용하는 수납장의 문을 열자, 예상대로 투명 플라스틱 서랍에 붙어 있는 스티커, 방향제 패키지, 수납 용 박스 등이 한눈에 들어왔다. 언뜻 보면 별 다를 것 없는 정돈된 수납 같은데, 수납 케이스 외관에 '놀라운 수납력', '순간! 냄새 싹', '맛 좋은 귤' 등 어디를 봐도 글자투성이였다.

바로 이것이 그녀가 만족하지 못하는 원인이었다. 수납 공간을 열었을 때 보이는 많은 정보가 어수선함을 만들어내는 것이다.

수납 케이스에 글자가 많은 경우, 문을 열 때마다 시야에 들어오는 글자는 무의식중에 정보로 처리되어 머릿속이 어수선해진다. K 씨의 경우, 입을 옷을 고르는 동안 계속 '맛 좋은 귤', '냄새 싹' 하는 글자들이 귓가에서 맴도는 것처럼 느껴질 것이다. 이 많은 글자 정보들은 수납 공간의 문을 닫아도 속일 수 없다. 내 경험상, 겉으로는 깔끔해 보이는데 왠지 '번잡스러운 느낌'이 드는 집은 수납 공간 내부가 불필요한 정보로 가득 차 있는 경우가 많다. 물건이 적어 깔끔한 집일수록 정보가 수런대는 느낌이 더욱 또렷해지기 때문에 더 크게 신경 쓰이는 것일지도 모른다.

따라서 상품의 포장 스티커는 바로 떼어서 버리자. 옷의 태그처럼 상품이라는 상태에서 '우리 집 것'이 되도록 맞아준다는 의미에서 이 작업은 반드시 필요하다. 마찬가지로 좋아하지 않는 패키지의 경우 그 필름은 떼어서 버리자.

보이지 않는 곳 역시 집의 일부다. 설레지 않는 불필요한 문자 정보를 줄이는 것으로 집 전체의 분위기가 훨씬 차분해진다. 이것만으로도 놀랄 만큼 집의 분위기가 차이가 나므로 꼭 실천해보자.

52
물건 위로해주기

물건은 소중히 할수록
내 편이 된다

정리 레슨을 할 때 고객에게 주는 과제 중에 물건을 '위로'하라는 과제가 있다. 집에 돌아가면 옷을 걸면서 "오늘도 따뜻하게 해줘서 고마워" 하고 말을 건네고, 액세서리를 빼면서 "오늘도 아름답게 해줘서 고마워" 하고 위로하고, 가방을 벽장에 수납할 때도 "덕분에 오늘도 일을 잘할 수 있었어, 고마워" 하고 말하라는 것이다.

이런 식으로 자신의 물건들에게 그날 하루 편하게 생활하게 해준 것에 대해 감사를 표하는 것이다. 매일 하는 것이 무리라면 가끔씩 해줘도 괜찮다.

내가 이렇게 물건을 살아 있는 생물처럼 대하게 된 데는 특별한 계기가 있다. 나는 고등학생 때 처음으로 휴대전화를 갖게 되었다. 흑백 화면에, 통화와 문자 등 단순한 기능만 있었지만, 옅은 색

상에 작고 동그스름한 디자인의 휴대전화가 마음에 쏙 들었다. 당시 학교에 휴대전화를 가지고 가는 것은 교칙으로 금지되어 있었지만, 나는 매일 교복 주머니에 휴대전화를 넣고 다닐 정도로 강한 애착을 느꼈다. 하지만 기술이 발달해서 컬러 액정의 휴대전화가 유행하는 시대가 되었다. 그래도 나는 흑백 액정의 휴대전화를 고집했는데, 결국 전체적으로 낡아서 새 것으로 바꿀 수밖에 없었다.

새 휴대전화를 손에 들자, 문득 낡은 휴대전화에 메시지를 한번 보내보자는 생각이 들었다. 새 것으로 바꿔서 기분이 살짝 들떴기 때문이었을 것이다. 내용을 뭘로 쓸까 생각하다가 "지금까지 고마웠어" 하고 하트 모양까지 찍어서 송신 버튼을 눌렀다. 그러자 '띠리링' 하고 옛날 휴대전화기에서 착신 벨이 울렸다. 곧바로 확인해보니, 당연히 내가 방금 전에 보낸 메시지였다. 나는 "지금까지 정말 고마웠다"고 직접 말하고 휴대전화의 폴더를 닫았다. 몇 분 후, 다시 한 번 낡은 휴대전화의 폴더를 열었는데 화면이 까만 상태로 변한 채 작동이 멈춰 있었다. 이 버튼 저 버튼 전부 눌러봤지만 아무 반응이 없었다. 지금까지 한 번도 고장 난 적이 없던 휴대전화가 그 문자 수신을 마지막으로 완전히 작동을 멈춘 것이다. 자신의 역할이 끝난 것을 알고 스스로 떠나기라도 한 듯 말이다.

물론 이 일은 단순한 우연일지도 모른다. 물건이 살아 있는 생물처럼 반응했다는 것이 믿기지 않을 것이다.

하지만 프로 스포츠 선수는 자신이 사용하는 도구를 신성하게 다루며 정성껏 손질하고 소중히 다룬다. 분명 그들은 자연스럽게 그 물건의 힘을 느낄 것이다. 그렇다면 특별한 직업이나 일에서 사용하는 도구가 아니더라도 옷, 가방, 펜, 컴퓨터 등 평소 사용하는 물건 하나하나를 소중히 다루면 우리가 당연하게 여기는 매일의 생활에서 든든한 조력자를 얻을 수 있다는 말이다.

물론 스포츠 선수가 특별한 시합에 대비해 물건을 다루는 것과 우리가 일상적으로 물건을 대하는 것은 다를 수밖에 없다. 하지만 우리가 의식하지 않아도 물건은 주인이 편하게 생활하도록 매일 각자의 역할을 다하고 있다. 우리를 위해 열심히 일해주는 것이다. 마찬가지로 우리가 하루 일과를 마치고 집에 돌아가 쉬는 것처럼, 물건도 자신의 장소로 돌아가면 편안해한다. 이는 다시 말하면 물건마다 주소를 정해주지 않으면 불안해한다는 말이다. 우리가 매일 사회생활을 할 수 있는 것은 늘 같은 장소에서 기다려주는 집이라는 존재가 있기 때문이다. 그것은 물건도 마찬가지다. 매일 같은 장소에 돌아갈 수 있다는 사실은 물건에게도 중요하다.

자리가 정해져 있어서 그곳에 돌아가 쉴 수 있는 물건은 눈에 띄게 반짝거린다. 옷을 소중히 다루는 고객은 "보풀이 생기지 않게 조심하고, 차를 엎지르거나 하지 않아서 옷의 수명이 길어졌다"고 말한다. 이 말의 이면에는 주인이 편하게 생활하도록 최선을 다하려는 물건의 마음도 깃들어 있는 것이다.

물건을 소중히 다루면 반드시 주인에게 보답한다. 그런 의미에서 나는 물건이 기뻐할 수납을 하고 있는지 가끔 자신에게 묻곤 한다. 나에게 수납은 물건의 집을 정해주는 신성한 행위다.

PART 5

인생을 극적으로
변화시키는
정리의 힘

방을 정리하면
하고 싶은 일을 찾게 된다

세상에는 흔히 '리더'로 불리는 타입의 사람이 존재한다. 눈에 띄기 좋아하고, 리더십이 있으며, 많은 이들에게 인기 있는 사람들이 있다. 물론 나는 그런 사람이 아니다. 나는 한마디로 '정리정돈' 타입의 사람이다. 눈에 띄지 않고, 소란스럽지 않고, 물건을 좋아하고, 묵묵히 교실 한 구석에서 정리하는 것을 좋아하는 그런 사람이다.

내가 초등학교에 입학해 처음으로 맡은 일도 정리정돈이었다. 지금도 생생히 기억하는데, 동물을 돌보고 꽃을 가꾸는 부원을 뽑을 때는 가위바위보로 정해야 할 정도로 지원하는 아이들이 많았다. 하지만 '정리정돈부'를 뽑을 때 "저요!" 하고 손을 든 것은 나 한 명뿐이었다. 어릴 적부터 나의 몸속에는 정리유전자가 존재했음이 틀림없다. 그렇게 하고 싶은 역할을 맡게 된 나는 그날부터 당당히 교실의 책장이며, 사물함 위를 신나게 정리했다.

이런 이야기를 하면 "그렇게 어렸을 때부터 좋아하는 일이 확실했다니 부럽다. 나는 뭘 좋아하는지도 모르는데" 하고 부러워하는 사람이 있다.

그러나 사실 내가 정리를 '좋아한다'는 사실을 깨닫게 된 것은 얼마 되지 않았다. 지금이야 거의 매일 고객의 집을 찾고, 강의를 하며 정리 일색의 생활을 하고 있지만, 어렸을 때는 소박하게 현모양처가 되는 것이 꿈이었다. 정리는 나에게는 일상이었다. 설마 그 일이 직업이 되리라고는 독립할 때까지도 상상조차 하지 못했다. 사람들이 취미를 물으면 한참을 망설인 끝에 "독서요"라고 대답했고, '나는 대체 뭘 좋아할까?' 하며 한숨을 내쉬었다.

초등학생 때 정리정돈 일을 맡았던 것을 줄곧 기억하고 있었던 것도 아니다. 어느 날 방 정리를 하다가 문득 '그러고 보니 내가 처음 맡았던 일이 정리정돈이었지' 하고 초등학교 시절 모습을 15년 만에 떠올렸다. 그렇게 옛날부터 정리에 흥미를 가졌다는 것을 재인식하고 신선한 충격을 받았다.

초등학생 때 맡았던 부원 활동이나 좋아했던 일이 무엇이었는지 한번 생각해보라. 동물을 돌보는 일이었든 그림을 그리는 것이었든, 그것과 똑같은 형태는 아니지만 지금 당신이 당연하게 하고 있는 어떤 일과 분명 이어져 있을 것이다. 자신이 정말 좋아한 것의 근본은 시간이 지나도 변하지 않는다. 그리고 그 근본을 발견하는 데 '정리'가 큰 역할을 한다.

나의 고객이자, 학창 시절부터 사이좋게 지내온 한 친구가 있다. 그녀는 원래 규모가 큰 IT 기업에 근무했는데, 정리를 통해 자신이 진짜 좋아하는 일을 발견했다. 정리를 마친 그녀는 설레는 물건만 남아 있는 책장에 사회복지 관련서가 유독 많이 꽂혀 있다는 것을 알게 되었다고 한다. 사회인이 되어 구입한 영어 교재나 비서검정 등의 자격증 책은 전부 없어졌는데, 중학생 때 샀던 복지 관련 책들은 남아 있었던 것이다.

중학생 때부터 사회인이 되기 전까지 계속했던 베이비시터 봉사를 했던 기억도 떠올렸다. 그러고는 '아이를 낳은 여성도 안심하고 일할 수 있는 사회를 만들고 싶다'고 생각하게 되었다. 자신도 모르게 마음속에 품었던 정열을 깨닫게 된 그녀는 정리 레슨을 졸업하고, 1년간 관련 분야를 다시 공부하고 창업 준비를 계속했다. 그리고 마침내 회사를 그만두고, 베이비시터 사업을 시작했다. 지금은 많은 고객으로부터 힘을 얻어 매일 즐겁게 일하고 있다.

그 친구뿐만이 아니다. 고객들로부터도 "정리를 했더니 내가 진짜 하고 싶은 일을 찾게 되었다"는 말을 많이 들었다. 실제로 대부분의 고객들이 정리 레슨 졸업 후에 독립이나 전직을 해서 더욱 열심히 일하거나, 일에 대한 의식이 바뀌었다. 또한 일이 아니라도 취미든, 집안일이든 일상생활 속에서 '좋아하는 일'을 의식하는 시간이 자연스럽게 늘어나 생활 자체가 활기를 띠게 되었다고 한다.

자신을 알기 위해서는 책상에 앉아 자기를 분석하고, 사람들에게 자신에 대한 이야기를 듣는 것도 좋지만, 정리를 하는 것이 가장 빠른 지름길이다. 자신이 갖고 있는 물건은 자신이 어떤 선택을 해왔는지 선택의 역사를 정확히 보여준다. 정리는 자신이 진짜 좋아하는 일을 찾아내는 자신에 대한 '재고 조사'다.

54

정리를 통한 자기 변화

인생을 극적으로 바꾸는
'정리의 마법' 효과

"지금까지 자신에게 무언가를 '더하는' 것이 중요하다고 믿어서, 세미나를 듣고 공부를 하며 지식을 늘렸어요. 하지만 더하는 것보다 '빼는' 것이 훨씬 중요하다는 것을 정리를 통해 깨달았어요."

이는 공부를 열심히 하며 방대한 사회 인맥을 쌓아온 고객 M씨(30대)의 말이다. M씨는 정리 레슨을 받고 인생이 크게 달라졌다고 한다. '버리고 싶지 않은 물건 1위'였던 세미나 자료를 버렸더니 마음의 짐도 사라졌고, 언젠가 다시 읽을 거라고 갖고 있던 500권의 책을 버렸더니 차츰 새로운 정보가 들어오게 되었다고 한다. 또 명함을 버렸더니 만나고 싶었던 사람에게서 연락이 오게 되었다고 한다. 그녀는 종교적이고 영적인 물건을 좋아하는데 "풍수나 파워스톤보다 '정리'가 훨씬 효과가 있다"고 말했다. 지금 그녀는 근무하던 회사를 그만두고 책 출간을 준비하며 새로운 인생을 향해 돌진 중이다.

정리를 하면 인생이 극적으로 달라진다. 100퍼센트라고 할 수 있을 정도로 거의 모든 사람들이 그렇게 말한다. 이처럼 내가 '정리의 마법'이라고 부르는 정리의 효과가 인생에 미치는 영향은 절대적이다. 정리 후의 변화에 대해 당사자에게 직접 들어보면 정말 깜짝 놀랄 정도다. '한 번에, 단기간에, 완벽하게' 정리를 마친 사람의 인생은 틀림없이 극적으로 달라진다.

M씨의 어머니인 S씨는 어렸을 때부터 정리하라고 잔소리를 해도 정리를 못했던 딸의 방에서 물건이 사라진 데 충격을 받고 나의 레슨을 받으러 왔다. 어머니 자신은 정리를 잘하는 사람이라고 생각했는데, 레슨을 통해 사실은 그렇지 않다는 것을 알게 되었다고 한다. 그리고 버리는 것에 쾌감을 느껴 2만 5,000엔이나 하는 다도 도구도 미련 없이 버릴 수 있게 되었고, 재활용 쓰레기 수거 날짜만 기다리게 되었다고 한다.

S씨는 "지금까지 내게 자신이 없어서 '변해야 한다, 변하지 않으면 안 된다'고 생각했는데, 지금 이대로의 나도 괜찮다고 생각하게 되었어요. 매사를 판단할 때 나름 명확한 기준이 생겨서 자신감도 커졌어요"라고 말했다.

S씨의 말처럼 정리의 마법 효과 중 하나는 자신의 판단에 자신감을 갖게 되는 것이다. 정리 과정에서 물건을 하나하나 만져보며 설레는지, 어떤지 자문자답하고 남길지 버릴지를 판단하는 것

을 수백, 수천 번 반복함으로써 자연스럽게 판단력이 키워지는 것이다.

자신의 판단에 자신감이 없는 사람은 자기 자신에 대해서도 자신감을 갖지 못한다. 내가 그랬다. 그랬던 나를 구원해준 것이 바로 '정리'다.

55
정리를 통한 자신감 회복

자신감을 선물해준
놀라운 정리의 힘

나는 때로 내가 왜 이렇게 정리를 고집하는지에 대해 생각해보곤
한다. 아마도 부모님의 보살핌을 받고 싶다는 바람과 어머니에 대
한 콤플렉스가 원동력이 아닐까 싶다. 나는 삼남매 중 둘째로, 세
살 이후로는 부모님의 세심한 보살핌을 받은 기억이 거의 없다. 물
론 부모님은 그럴 의도가 전혀 없었겠지만, 장남인 오빠와 막내인
여동생 사이에서 자연스럽게 그런 기분을 느꼈던 것 같다.

어린 유치원 때부터 집안일과 정리에 흥미를 가진 것도, 학교에
다니는 오빠나 여동생에게 손이 많이 가기 때문에 가능한 부모님
이 힘들지 않도록 해야 한다는 생각이 있었던 것 같다. 물론 부모
님께 칭찬받고 싶고, 주목받고 싶다는 생각도 있었을 것이다.

나는 초등학교 1학년 때부터 알람시계로 시간을 맞추고 누구보

다 빨리, 스스로 일어났다. 누군가에게 의지하는 것을 싫어했고, 자신의 기분을 표현하는 데 서툴렀다. 쉬는 시간에는 혼자 정리를 즐겨하는 것을 더 좋아했고, 밝고 활달한 편은 아니었다. 혼자 교내를 어슬렁거리기 좋아했는데 이는 어른이 된 지금도 마찬가지다. 여행도 쇼핑도, 기본적으로 혼자 행동하는 것이 당연한 일이 되었다.

이런 식으로 타인과 신뢰관계를 쌓는 경험이 부족했기 때문에 물건에 이상하리만치 집착하게 된 것 같다. 사람 앞에서 약한 모습을 보이거나, 본심을 드러내기 싫어해서, 있는 그대로의 나로 있을 수 있는 방과 물건에 애착이 갔던 것이다. 무조건 사랑하고 감사하는 감정을 부모나 친구보다 먼저 가르쳐준 것이 물건이고 집이었다.

솔직히 나는 지금도 자신감이 없다. 아직 나이도 어리고 경험도 적고 부족한 점투성이인 내가 싫을 때도 있다. 하지만 내 환경에는 자신감이 있다. 내가 갖고 있는 물건, 몸에 지니는 물건, 집 그리고 주위 사람들 같은 내가 처한 환경이 특별히 대단하거나 호화롭지는 않지만, 적어도 진짜 좋아하고 소중하고 멋진 것들에 둘러싸여 살고 있다는 자신감과 감사하는 마음을 갖고 있다.

그렇게 마음 설레는 물건과 사람들에게서 매일 살아가는 힘을 얻는다. 그렇기 때문에 나는 충분히 행복하다고 생각한다. 예전의 나처럼 타인에게 마음을 열지 못하고 자신감을 갖지 못하는 사람이 있다면, 자신이 갖고 있는 물건이나 자신의 방 같은 가까운 것이 내가 잘 살아갈 수 있도록 돕고 있다는 것을 깨달아야 한다. 내가 매일 고객의 집을 찾아가 정리 레슨을 할 때 최선을 다하는 것도 많은 사람들이 그 점을 깨닫기를 바라기 때문이다.

56
과거 집착형 vs 미래 불안형

당신이 물건을
버리지 못하는 이유

'설레지 않는 물건은 버리라'는 내 정리법을 한 번이라도 시도해보았다면 설레는지 설레지 않는지를 판단하는 것이 그리 어렵지 않다는 것을 알게 되었을 것이다. 물건을 만지는 순간 답이 나오기 때문이다. 여기서 문제는 '버린다'는 판단을 내리는 것이다. 이것만큼은 쉬운 일이 아니다.

'이 조리 도구는 올해는 안 썼지만, 언젠가 쓸지 몰라', '그때 그 사람이 선물해준 액세서리. 그때는 정말 좋았는데' 이처럼 다양한 이유들이 버리는 행동을 방해하기 때문이다. 그러나 결국 버리지 못하는 원인은 두 가지다. '과거에 대한 집착'과 '미래에 대한 불안'이다. 만일 물건을 구분할 때 설레지 않지만 버릴 수 없다면 다음과 같이 한번 생각해보자.

'버리지 못하는 것은 과거에 대한 집착 때문일까, 아니면 미래에 대한 불안 때문일까.' 버리지 못하는 물건 하나하나에 대해 어느 쪽이 원인인지 생각해보는 것이다. 그러면 자신이 '과거 집착형'인지 '미래 불안형'인지, 아니면 '양쪽 모두'에 해당되는지 파악하고 물건을 소유하는 경향에 대해 알 수 있다.

자신이 어떤 물건을 소유하는 편인지 경향을 파악하는 것이 중요한 이유는, 물건의 소유 방식이 곧 삶의 가치관을 나타내기 때문이다. '무엇을 갖고 있느냐'는 '어떻게 사느냐'와 같다. 과거에 대한 집착과 미래에 대한 불안은 물건의 소유 방식뿐만 아니라, 사람을 사귀고 일을 선택하는 등 생활 속의 모든 선택에서 기준이 된다.

예를 들어 미래에 대한 불안이 큰 여성은 연애를 할 때도 순수하게 '이 사람이 좋다', '같이 있으면 마음이 편하다'는 이유보다 '이 사람과 사귀면 이득이 될지 모른다', '이 사람과 헤어지면 남자를 더 이상 만날 수 없을지 모른다'는 이유에서 좋아하지도 않는 사람과 같이 시간을 보낸다. 직업의 경우에도 '이 일이 좋다', '하고 싶다'는 이유가 아니라 '이 회사는 대기업이니까 잘살 수 있을 거야', '자격증이라도 따두면 안심이 될 거야' 하는 이유에서 회사나 일을 선택한다.

반면에 과거에 집착하는 사람은 2년 전에 헤어진 애인을 잊지 못해 새로운 사람을 만나지 못하거나, 지금 하는 일의 방식으로는 문제가 된다는 것을 알면서도 '지금까지 이 방식으로 성공했으니까' 하고 쉽게 변화를 주지 못한다.

이렇게 과거에 대한 집착과 미래에 대한 불안에 매여 있을 때, 즉 물건을 버리지 못하는 때는 지금 자신에게 무엇이 필요한지, 무엇이 있으면 만족할지, 무엇을 필요로 하는지 아무것도 보이지 않는 상태다. 자신에게 필요한 물건과 원하는 물건이 보이지 않기 때문에 더욱 불필요한 물건을 늘리게 되고, 물리적으로나 정신적으로 점점 필요 없는 물건에 묻히게 된다.

그렇다면 지금 자신에게 필요한 것이 어떤 물건인지 명확히 알기 위해서는 어떻게 해야 할까? 불필요한 물건을 버리면 된다. 어디 먼 곳으로 물건을 찾으러 가거나, 새로 사러 갈 필요도 없다. 지금 자신이 갖고 있는 물건과 마주하면서 필요 없는 것을 줄이면 된다.

물건과 마주하며 버리는 것은 솔직히 힘든 작업이다. 그 과정에서 과거의 어리석고 하찮은 자신을 인정하지 않을 수 없기 때문이다. 나도 물건을 버리면서 과거의 자신과 마주하고 얼굴이 뜨거워질 정도로 부끄러웠던 적이 여러 번 있었다. 초등학생 때 수집한 대량의 향기 지우개, 중학생 때 푹 빠졌던 애니메이션 상품들, 고등학생 때 용을 쓰며 샀지만 전혀 어울리지 않는 옷들, 필요하지 않은데도 순간의 허영심으로 구입한 핸드백 등이 그런 물건들이다.

'지금까지 왜 이런 낭비를 했을까?', '부모님께 미안하다', '이런 쓰지도 않는 물건들로 내 방을 채우고 있었다니' 하고 쓰레기봉투 앞에서 몇 번이나 절망했는지 모른다.

내 눈앞에 있는 물건은 과거에 자신이 선택한 결과물이다. 위험한 것은 그것들을 보고도 못 본 척하거나, 자신의 선택을 부정하듯이 난폭하게 버리는 행위다. 그래서 나는 물건을 무의미하게 쌓아 두거나, '일단 아무 생각 말고 버린다'는 생각에도 반대다. 물건 하나하나와 마주하면서 느낀 감정을 경험해야만 비로소 물건과의 관계가 정리될 수 있다.

지금 갖고 있는 물건들에 대해 우리가 선택할 수 있는 길은 세 가지다. '지금 마주한다', '언젠가 마주한다', '죽을 때까지 마주하지 않는다'가 그것이다. 여러분이 어느 길을 선택할지는 각자의 자유다. 그러나 내가 권하고 싶은 것은 '지금 마주하는 것'이다.

물건을 통해 과거에 대한 집착이나 미래에 대한 불안과 마주하면 지금 자신에게 진짜 중요한 것이 보인다. 그럼 자신의 가치관이 명확해져서 이후의 선택에 망설임이 사라진다. 망설이지 않고 자신이 선택한 길에 정열을 쏟을 수 있다면 보다 큰일을 이룰 수 있다. 물건과 마주하는 것은 빠를수록 좋다. 바로 '지금'이 정리를 시작할 때다.

57
버리면서 얻는 지혜

버리면서 알게 되는
'비움'의 미학

정리를 시작하면 쓰레기가 수도 없이 나온다. 정리 강좌에 참석하는 회원이나 고객들은 "오늘은 몇 봉투를 버렸다", "버리는데 이런 물건이 나왔다" 하고 놀라워하며 소식을 주고받곤 한다.

참고로, 나의 고객 중에 정리하면서 나온 쓰레기봉투의 최고 기록은 부부 합해서 총 200장이었다. 그 집의 경우 그 외에도 쓰레기봉투에 들어가지 않는 대형 쓰레기가 10개 넘게 나왔다. 이 이야기를 듣고 '어떻게 그런 많은 물건들이 집에 전부 들어 있었을까? 완전 쓰레기 집이군' 하고 가볍게 생각했다면 오산이다. 실제로 이런 숫자를 말하면 남의 일처럼 놀라거나 쓴웃음을 짓는 사람들이 대부분인데, 사실 이 고객은 우리 주위에서 쉽게 볼 수 있다. 처음 그 고객의 집을 방문해서 집 안을 둘러보았을 때는 물건이 조금 많구나 하는 정도였다. 2층짜리 단독주택으로, 방 4개에 창고로 쓰는 다락방이 있어서 평균 집 크기보다 약간 크긴 했지만 그렇게 크게 차이가 나지는 않았다. 다른 집들도 이 집과 비슷한 분량의 물건이 나올 가능성은 얼마든지 있다.

정리를 하면서 고객이 버리거나 재활용 상점에 넘기는 물건의 수는 결코 적지 않다. 45리터 크기의 쓰레기봉투 20~30장 분량의 물건은 기본으로 나온다. 혼자 사는 사람의 경우는 평균 40장 이상, 3인 가족은 70장 분량의 물건이 나온다. 지금까지 정리 레슨을 하면서 버린 물건을 전부 합하면, 45리터 쓰레기봉투로 2만 8,000장, 물건의 개수로는 약 100만 개 이상 된다.

이렇게 물건을 줄였어도 '버리라고 해서 버렸더니 나중에 불편했다'는 불만은 한 번도 듣지 못했다. 여러 가지 이유가 있겠지만 그중 가장 큰 이유는, 설레지 않는 물건은 전부 버려도 불편하지 않기 때문이다. 정리를 마친 고객이 모두 놀라는 것이 이 점이다. 지금까지 자신이 얼마나 불필요한 것들에 둘러싸여 있었는지를 깨닫게 되는 것이다.

물건을 버린 후에 '아, 그거 버렸지' 하고 후회하는 일도 전혀 없지는 않을 것이다. 최소한 서너 번은 있지 않을까 싶다. 이 말을 듣고 버리는 것에 대해 불안해하는 사람도 있을 텐데 걱정하지 않아도 된다. 이렇게 물건을 많이 버려도 고객으로부터 불만이 없는 이유는, '물건이 없어도 몸을 움직이면 된다'는 것을 체험했기 때문이다. 고객이 깜박하고 버린 물건의 이야기를 할 때는 다들 아주 즐겁게 말한다. "순간 큰일 났구나 싶었는데 아무 문제없더라고요" 하고 소리 내어 웃는다. 고객의 성격이 원래 밝고 긍정적이거나, 혹은 일어난 문제에 적당히 대응했기 때문이 아니다. 물건을 버린 것으로 마음가짐이 달라졌기 때문이다.

예를 들어 정리할 때 버린 서류가 나중에 필요해졌을 때 일단 서류 자체가 없으므로 집 안을 뒤지지 않아도 '수중에 없다'는 것을 확실히 알 수 있다. 물건을 찾아야 하는 스트레스를 받지 않아도 된다는 것이다. '찾을 필요가 없다'는 사실이 주는 스트레스 경감 효과는 매우 크다. 물건이 있는지 없는지 모르는데 찾지 않으면 안되고, 게다가 물건을 찾아도 나오지 않으면 마음이 불안해지고 어지럽혀진다.

그런데 서류를 두는 곳이 늘 일정하면 갖고 있는지 없는지 바로 알 수 있으므로 확인하고 없으면 깨끗이 '그럼 어떻게 행동해야 하나'로 생각을 전환할 수 있다. 지인에게 묻는다거나, 회사에 물어본다거나, 직접 알아본다거나 하는 식으로 직접 행동하게 되는 것이다. 그러면 의외로 문제가 쉽게 해결된다. 시간을 들여 뒤져도 찾지 못해서 스트레스를 받지 않아도 되고, 오히려 다시 조사했더니 새로운 정보를 발견하거나 지인에게 연락하는 것으로 관계가 가까워지거나, 그것에 대해 잘 아는 사람을 소개받아 인간관계를 맺게 되는 등 미처 생각하지 못한 효과도 얻을 수 있게 된다.

이런 경험이 반복되면, 자신에게 필요한 정보는 바로바로 얻을 수 있다는 것을 알 수 있게 된다. '물건이 없어도 그럭저럭 해결된다'는 감각을 한 번 몸으로 느끼게 되면 생활이 훨씬 편해진다.

또 한 가지 물건을 버려도 고객으로부터 불만의 소리가 들리지 않는 가장 큰 이유는, 물건을 버리는 것으로 판단의 책임을 다른 사람에게 넘길 수 없게 된다는 것이다. 문제가 일어났을 때 '그때 그 사람이 그렇게 말해서' 하는 식으로 원인을 밖에서 찾지 않게 된다. 모든 판단은 자신이 한 것이라서, '지금 어떤 행동을 해야 할까' 하는 쪽으로 생각이 전환된다. 물건을 버리는 것은, 자신의 가치관으로 판단하는 경험의 연속이기 때문이다. 물건을 버리는 것으로 결단력이 키워진다. 물건을 버리지 않고 쌓아두면 결단력을 키울 수 있는 기회를 놓치는 셈이다.

실제로 고객의 집에 갔을 때 내가 직접 물건을 버리는 경우는 없다. 최종적으로는 전부 고객에게 맡긴다. 내가 버리는 일을 '대신' 해버리면 정리의 의미가 없어지기 때문이다. 직접 물건을 버리고 정리하는 경험을 해보면 마음자세가 확실히 달라진다.

58
집과의 소통이 중요한 이유

집에 인사하고
있습니까?

고객의 집을 방문할 때, 내가 가장 먼저 하는 일은 '집에 인사하는
것'이다. 우선 거실에 앉아서 마음속으로 집에게 말을 건다. 그리
고 이름, 주소, 직업 등 간단히 내 소개를 한 후, '사토 씨와 가족이
행복하게 보낼 수 있는 공간을 만들어주세요'라는 식으로 인사를
한다. 2분 동안에 이루어지는 침묵 속 예식을 할 때면, 고객은 이상
하다는 듯이 나를 바라보곤 한다.

이런 인사를 언제부터 하게 되었는지는 정확히 알 수 없지만, 고
객의 집 문을 열 때의 긴장감이 신사의 도리이鳥居(신사 입구에 세운
두 기둥의 문)를 지날 때의 신성함과 비슷하다고 느낀 것이 계기가
된 것 같다.

인사는 일시적인 위안이라고 생각할 수도 있지만, 인사할 때와

하지 않을 때의 정리 속도는 크게 차이가 난다.

참고로, 나는 정리 작업을 할 때도 트레이닝복 같은 작업복은 입지 않는다. 원피스와 재킷 차림이 보통이다. 가끔 앞치마를 두를 때도 있지만 실용성보다는 디자인을 중시한다. "그런 차림으로는 옷이 더러워지지 않을까요?" 하고 놀라는 고객도 더러 있는데, 가구를 옮기고 주방 싱크대 위에 뛰어올라가도 전혀 문제없다. 인사를 하는 것은 집에 대해 존경을 나타내는 의미이기도 하고, 정리는 집을 나가는 물건들을 전송하는 축제라고 생각하기 때문에 말끔한 차림으로 일하는 것이 좋다.

말끔한 차림으로 집에 인사한 후 정리를 시작하면, 신기하게도 그곳에 사는 사람들이 가장 편하게 지낼 수 있게 하려면 어떤 물건을 버려야 하고, 어디에 물건을 놓아야 하는지 알게 되어 일이 수월해진다. 마치 집이 가르쳐주는 듯하다. 그래서 물건의 자리를 막힘없이 정할 수 있고, 주저하지 않고 정리를 진행할 수 있다.

이런 나의 방식에 '당신은 정리의 프로니까 가능한 것이고, 나는 집의 소리도 들리지 않고, 혼자서 하는 정리는 무리다'라고 생각하는 사람도 있을 것이다. 그러나 물건을 소유하는 방식이나 집에 관해서는 그곳에 사는 집주인이 가장 잘 안다. 나의 고객들도 정리가 진행될수록 "무엇을 버려야 할지 확실히 보였다", "물건이 좋아할 장소를 저절로 알게 되었다"며 스스로 정리를 한다.

이런 감각을 보다 빨리 파악할 수 있는 비법은, 집에 돌아오면 집을 향해 "다녀왔습니다" 하고 소리 내어 인사하는 것이다. 이것은 내게 개인 레슨을 받으러 온 고객에게 주는 첫 과제이기도 하다. 가족이나 애완동물에게 말을 걸듯이 집에게도 말을 걸어주는 것이다. 집에 들어가자마자 인사하는 것을 잊어도 상관없다. 생각났을 때 "다녀왔습니다", "항상 지켜줘서 고맙습니다" 하고 말하면 된다. 소리 내어 말하는 것이 창피하다면 속으로 해도 된다. 이런 인사를 반복하다 보면, "다녀왔습니다" 하는 자신의 인사에 집이 답해주는 것을 느낄 수 있게 된다. 그러면 어디를 정리해야 할지, 어디에 물건을 놓아야 할지 조금씩 알 수 있게 된다.

'집과 커뮤니케이션하면서 정리를 한다'고 하면, 꿈같은 이야기라거나 허무맹랑하다고 생각할 수도 있다. 하지만 이 점을 간과하면 뜻대로 정리가 진행되지 않는다. 본래 정리란 사람과 물건과 집의 균형을 잡는 행위다. 하지만 지금까지의 수많은 노하우형 정리법에서는 물건과 자신의 관계성은 강조해도 집의 존재는 생각하지 않았다.

내가 집에 대해 뭔가 커다란 존재를 느끼는 것은, 고객의 집에 방문할 때마다 각각의 집이 그곳에 사는 사람을 얼마나 소중히 생각하는지 그대로 전해지기 때문이다. 집은 항상 같은 곳에서 일을 하고 녹초가 되어 돌아온 주인을 위로해주고, 기다리고, 지켜준다. 오늘은 일하고 싶지 않다면서 뒹굴어도 편하게 받아준다. 이렇게 집처럼 마음 깊고 따뜻하고 커다란 존재가 있을까? 정리는 항상 자신을 지켜주는 집에 대한 보은이다.

59
물건과 사람과의 인연

물건이 내게 온 데는
반드시 의미가 있다

나는 지금까지 인생의 절반 이상을 정리에 대해 생각해왔다. 지금도 매일같이 고객의 집을 방문해 그곳에 있는 많은 물건들과 마주한다. 벽장 속은 물론 서랍 하나하나까지 말이다. 나의 직업처럼 다른 사람이 갖고 있는 물건들을 '있는 그대로'의 상태에서 보는 직업은 아마 없을 것이다.

고객의 집을 방문하면서 알게 된 사실 중 하나는, 수많은 고객을 만났는데도, 겹치는 것도 없이 개인들 각각의 물건이나 취향이 서로 다르다는 것이다. 하지만 집에 있는 물건에서 공통적으로 느껴지는 것이 한 가지 있다. 그것은 바로 지금 당신의 방에 있는 물건들이 당신을 돕고 싶어한다는 것이다. 이는 정리를 통해 수백만 개의 물건을 봐온 내가 자신 있게 말할 수 있다.

물건이 집에 있다는 것은 굉장한 인연이다. 셔츠 한 벌도 가벼이 볼 수 없다. 그것이 공장에서 대량 생산된 것이라도, 당신이 그날 그 상점에서 사온 그 셔츠는 세상에 단 하나밖에 존재하지 않는 것이다. 물건과의 인연도 사람의 인연처럼 소중하다. 그 물건이 당신에게 온 데는 반드시 의미가 있다.

이렇게 말하면 '이 옷은 오랫동안 꾸깃꾸깃한 상태로 방치해서, 왠지 나를 원망할 것 같다', '이 물건을 사용해주지 않으면, 나를 싫어할 것 같다'고 말하는 사람들도 있다. 하지만 내 경험상 주인을 원망하는 물건은 없다. 그런 마음은 물건을 갖고 있는 주인 자신의 죄책감에서 비롯된 것뿐이다. 다만 당신이 설레지 않는다고 느끼는 물건도 밖에 나가고 싶어한다. 물건 자신도 수납장에 박혀 있는 것으로는 지금의 당신을 행복하게 해주지 못한다는 것을 잘 안다.

집 안의 모든 물건들은 당신에게 도움이 되고 싶어한다. 물건이 버려지고 태워져도 '도움이 되고 싶다'는 에너지는 남는다. 그리고 언젠가 지금의 당신에게 가장 도움이 되는 물건, 행복하게 해주는 물건이 되어 다시 돌아온다. 때로는 멋진 새 옷으로 돌아올 수도 있고, 때로는 정보나 또 다른 인연의 형태로 모습이 바뀌어 돌아올 수도 있다. 단언하건대, 버린 물건과 똑같은 양만큼 돌아온다. 그래서 물건을 버릴 때는 감사의 인사를 표하며 떠나보내야 한다.

지금 더 이상 설레지 않는 물건들이 있다면 버려도 된다. 그것은 물건에게는 또 다른 새로운 출발인 셈이다. 물건은 손에 넣었을 때뿐만 아니라 버려질 때 더욱 빛난다.

60
정리를 통한 몸의 변화

정리만 잘해도
살이 빠진다

정리 중인 고객으로부터 "체중이 줄었다"거나 "뱃살이 빠졌다" 하는 소리를 자주 듣곤 한다. 신기하게도 집 안의 물건을 줄이면 몸에 디톡스 효과가 나타난다.

특히 하루에 쓰레기봉투 40장 분량의 많은 물건을 버리거나 단번에 물건을 버리는 경우, 일시적으로 설사를 하거나 피부에 뾰루지가 나서 마치 단식을 할 때처럼 변화가 일어나곤 한다. 이것은 나쁜 것이 아니라 지금까지 몸에 쌓였던 독소가 단번에 빠져나가면서 일어나는 현상이다. 이틀쯤 지나면 원래대로 돌아오거나 몸이 가벼워지고 피부도 좋아진다. 어떤 고객은 10년 동안 방치했던 수납장과 창고에서 쓰레기봉투 100장 분량의 물건을 버린 후, 시원하게 설사를 하고 나서 놀랄 정도로 몸이 가벼워졌다고 한다.

'정리를 했더니 살이 빠졌다', '물건을 버리니까 피부가 깨끗해졌다'라니, 언뜻 미심쩍은 광고 문구처럼 들릴지 모르지만 거짓말이 아니다. 정리 전과 후의 변화를 직접 보여주지 못해 아쉽지만, 실제로 방이 깨끗해지면서 확실히 고객의 인상도 깔끔해지고 피부색도 밝아졌다.

정리 일을 시작한 당시 나는 이런 현상이 너무 신기했다. 하지만 곰곰이 생각해보면 그리 신기해할 일도 아니다. 나의 개인적인 생각에 불과하지만 결국 이런 것이 아닐까? 정리를 하면 방의 공기가 깨끗해진다. 물건이 적어지면, 방에 쌓이는 먼지는 줄고 청소하는 빈도는 늘어난다. 바닥이 보이기 때문에 먼지가 쌓이면 눈에 띄어서 신경이 쓰이게 되고 그래서 자주 청소기를 돌리고 바닥을 닦게 된다. 방의 공기가 깨끗해지면 피부에도 좋을 것이다. 그리고 활동적으로 움직이면서 청소를 하면 다이어트 효과도 기대할 수 있다.

그리고 완벽히 정리를 끝낸 상태가 되면, 정리를 생각하지 않아도 되므로 자신의 인생에서 중요한 다음 과제가 명확해진다. 수많은 여성이 다이어트에 성공하기를 바란다. 그래서 걷는 거리를 늘리고 식사량을 줄이는 등 다이어트에 필요한 행동을 무의식중에 하게 된다. 하지만 정리를 해서 살이 빠지고 피부가 좋아지는 가장 큰 이유는 '풍족함'을 느끼기 때문이 아닐까? 정리를 한 후 많은 사람들이 "물욕이 줄었다"고 말한다. 그 전까지는 아무리 옷을 많이 갖고 있어도 입을 옷이 없다고 항상 부족함을 느꼈는데, 정리를 해서 설레는 물건만 남기자 필요한 물건이 충분히 갖춰졌다고 생각하게 되었다는 것이다.

물건을 쌓아두는 것도 음식을 먹는 것도 '채워지지 않는 욕구'를 채우는 것이다. 충동구매, 폭식, 폭음은 스트레스를 해소하는 하나의 수단이기 때문이다.

참고로, 지금까지의 경험에 비추어볼 때 옷을 버리면 배가 가벼워지고, 책과 서류를 버리면 머리가 상쾌해지고, 화장품 같은 미용용품을 줄여서 세면대 주위나 욕실이 말끔해지면 피부가 깨끗해진다. 물론 과학적인 근거는 없지만, 버린 물건과 같은 부위가 반응한다는 것이 놀라울 뿐이다.

방을 깨끗이 하면 자신도 아름다워지고, 다이어트 효과까지 기대할 수 있다. 이것이 바로 정리의 힘이다. 이외에도 정리를 통해 얼마나 더 좋은 일이 많이 생길지는 알 수 없는 일이다.

61

정리를 통한 운의 변화

정리를 잘하면
운이 좋아진다

"방을 정리하면 운이 좋아진다는데 정말인가요?"

풍수가 유행하면서 사람들로부터 이런 질문을 자주 받는다. 풍수는 주위의 환경을 정돈하여 운기를 올리는 '개운법開運法(나쁜 운을 좋은 운으로 바꾸는 법)'으로, 오래 전부터 유행하기 시작해 지금은 널리 알려지게 되었다. 이런 까닭에 풍수를 계기로 정리에 흥미를 가진 사람들도 많다.

나는 풍수 전문가는 아니지만 정리 연구의 일환으로 풍수에 대한 기본적인 내용을 공부한 적이 있다. 운이 좋아지는지 어떤지 믿고 안 믿고는 자유이지만, 옛 사람들은 방위학이나 풍수 지식을 활용하며 생활해왔다. 나는 이런 조상들의 지혜를 활용한 정리를 실천하고 있다.

예를 들면 옷을 개서 서랍에 수납할 경우 세운 옷의 색깔이 차츰 짙어지도록 정리한다. 구체적으로는 서랍 앞쪽은 색깔이 옅은 옷을, 안쪽으로 갈수록 진한 옷을 수납한다. 이것과 운기의 상관관계를 따졌다기보다 서랍을 열었을 때 옷의 색깔이 농담濃淡에 맞게 단계적으로 정리되어 있는 것을 보는 것만으로도 누구나 기분이 좋아진다는 점을 고려한 것이다. 확실히 앞쪽을 옅은 색 옷으로 정리하는 것이 마음이 차분해진다.

즉 주위의 환경을 조금이라도 마음 편하게 정돈해서 매일 느끼는 설렘을 늘려가는 것, 이것이 정리의 비법이다. 이런 식으로 생활 속에서 느끼는 설렘이 늘어나면 운기가 상승한다고 할 수 있지 않을까?

풍수는 음양오행陰陽五行이라는 사고방식을 기초로 한다. 물건에는 각기 다른 기운이 깃들어 있으므로 각각의 성질에 맞게 물건을 다뤄야 한다는 것이다. 매우 당연한 생각이다. 자연을 거스르지 않는, 자연에 순응하는 생활을 하자는 것이 풍수의 기본적인 생각이다.

내가 생각하는 정리의 목적도 그와 같다. 정리를 하는 진짜 목적은 자연스러운 상태에서 사는 것이다. 그렇다면 설레지 않는 물건이나 불필요한 물건을 갖고 있는 것은 부자연스러운 상태라고 할 수 있다. 설레는 물건, 필요한 물건만 갖고 있는 상태가 자연스러운 상태다.

그렇게 정리를 함으로써 사람은 안정적인 자연체自然體로 살 수 있다. 설레는 물건을 선별해 지금 자신에게 진짜 소중한 것을 소중히 다루며 살자. 당연한 일을 당연하게 할 수 있는 것보다 더 큰 행복은 없다. 이것을 '개운'이라 한다면 개운을 위한 가장 좋은 방법은 정리라고 확신한다.

62

소중한 물건 가려내는 방법

나를 설레게 하는
물건이 진짜다

일단 고객이 남길 물건과 버릴 물건을 결정하면, 나는 남겨진 물건들 중에 몇 가지를 골라낸다.

"이 티셔츠, 이 니트, 이 물건, 정말 설레는 것들인가요?"

"어떻게 아셨죠?"

고객은 눈을 동그랗게 뜨며 놀란다.

"사실, 그것들은 전부 버릴지 말지 망설였던 것들이에요."

물론 나는 옷 자체의 디자인의 좋고 나쁨도 잘 모르고, 단순히 낡아서 고른 것도 아니다. 다만 물건을 고르는 고객의 동작을 보면 버릴 물건을 대충 알 수 있다. 물건을 집어드는 손놀림, 만진 순간의 눈빛, 판단 속도 등 진심으로 설레는 물건과 망설임이 있는 물건을 대할 때는 확실히 행동의 차이가 나기 때문이다. 정말 설레는 물건을 만졌을 때는 판단이 빠르고, 물건을 보는 눈동자가 빛난다. 반면 설레지 않는 물건을 잡았을 때는 순간 손이 멈칫하고, 고개를 갸웃거리며 미간을 찌푸리면서 생각 끝에 툭 던지듯이 '남기기' 코너에 던진다. 이처럼 설레는 감정은 몸에 그대로 드러나기 때문에 내가 그것을 놓치지 않을 수 있는 것이다.

하지만 물건을 선별하는 고객의 모습을 보지 않아도, 설렘이 명확하지 않고 '망설임이 있는 물건'을 어느 정도는 알 수 있다. 나는 정리 레슨을 위해 고객의 집을 방문하기 전에 '곤마리식 정리'를 토대로 일대일 강의를 한다. 그 강의만으로도 고객은 충격을 받기 때문에 대개 내가 방문하기 전에 미리 정리를 시작하고 있다.

그중에서도 고객 A씨(30세)는 내가 처음 방문하기 전에 이미 쓰레기봉투 50장 분량의 물건을 줄인 우등생이다. 그녀는 "더 이상 버릴 게 없을 거예요"라며 자신만만하게 수납장을 보여주기도 했다. 확실히 그녀가 강의 때 보여주었던 사진 속 방과 달랐다. 벗은 상태 그대로 서랍 위에 대충 놓여 있던 스웨터는 서랍 안에 바르게 수납되어 있고, 벽장이 터져나갈 것처럼 엄청난 양의 원피스가 걸려 있던 폴에도 약간의 틈이 생겼다. 그래도 **빽빽**이 걸려 있는 옷들 사이에서 나는 갈색 재킷과 베이지색 블라우스를 골라냈다. 둘 다 깨끗한 상태지만 평소에 안 입는 옷은 아니다. 조건적으로는 다른 옷들과 다르지 않다.

"이거, 정말 설레서 남긴 건가요?"

내가 묻자 A씨의 표정이 갑자기 달라졌다.

"이 재킷의 디자인은 정말 마음에 들어요. 사실은 검은색으로 입고 싶었는데, 맞는 사이즈가 다 팔리고 없어서……. 갈색 재킷은 갖고 있지 않기 때문에 가끔 입겠다 싶어서 구입했어요. 그런데 입으면 역시 어울리지 않아서 몇 번 안 입었어요. 그리고 이 블라우스는 디자인도 소재도 너무 마음에 들어서 똑같은 것을 두 벌 샀어요. 너무 즐겨 입어서 하나는 너덜너덜해질 때까지 입었죠. 그런데 그 이후에는 잘 안 입어요."

나는 그녀가 옷을 다루는 모습을 본 것도 아니고, 구입할 때의 상황도 모른다. 단지 벽장의 폴에 걸려 있는 옷들을 가만히 관찰했을 뿐이다. 물건을 가만히 보면 그것이 주인에게 설렘을 주는 물건인지 아닌지 알 수 있다. 사랑하는 사람이 생긴 여성은 애인에게 받은 애정은 물론이고 자신이 사랑받고 있다는 자신감과 그를 위해 더욱 아름다워지려고 노력하는 기분이 에너지가 되어 더욱 아름다워진다. 물건도 마찬가지다. 주인이 애정 어린 눈빛으로 바라보고 소중히 다루면 '주인을 위해 내 역할을 다하자' 하는 에너지가 충만해 반짝거린다.

소중히 다루는 물건에서는 빛이 난다. 그래서 주인에게 설레는 물건인지 아닌지 한눈에 알 수 있다. 설렘의 진심은 물건 주인의 몸과 물건 자체에도 깃들어 있기 때문에 눈을 속일 수 없다.

63
물건에서 행복 찾기

설레는 물건이
행복을 준다

사람은 누구나, 다른 사람들 눈에는 고개가 갸웃거려질 정도로 왜 좋은지 알 수 없는 물건이지만, 자신에게는 무엇보다 설레는 물건이라서 버릴 수 없는 것들이 있다.

나는 매일 다양한 사람들을 만나면서 그들에게 '자신만의 소중한 물건'을 직접 보고 만지게 하는데, 간혹 도저히 이해하지 못할 것들도 많다. 열 손가락 각각에 다른 눈이 달린 손가락 인형들, 아무리 봐도 나무 부스러기처럼 보이는 유목流木 수집, 낡고 고장 난 자명종 등 그런 물건을 예를 들자면 이루 헤아릴 수 없을 정도다.

"이게 설레세요?" 하고 당황스러움 섞인 나의 질문에, 고객은 주저 없이 "설레죠!" 하고 답한다. 반짝이는 고객의 눈빛을 보면 더 이상 할 말이 없다. 왜냐하면 나에게도 그런 물건이 있기 때문이다.

나의 경우는 '키코로Kiccoro 티셔츠'가 그런 물건이다. 키코로는 2005년 아이치에서 열린 아이치박람회 '사랑, 지구 박람회'의 공식 캐릭터다. 수박색의 '숲의 할아버지' 모리조Morizo가 더욱 눈에 띄는 캐릭터이긴 한데, 나는 작고 동그란 녹황색 생물인 '숲의 어린이' 키코로가 더 좋다. 나는 이 키코로의 얼굴이 프린트되어 있는 티셔츠를 실내복으로 입고 있다. 사람들이 "이런 걸 갖고 있다니 창피하지 않니? 얼른 버려"라고 말해도 이것만큼은 버릴 수 없다.

사실, 나의 실내복은 귀여운 옷들이 많다. 핑크색 프릴이 달린 캐미솔과 바지, 면 소재로 된 꽃무늬 실내복 등 '소녀' 이미지의 실내복을 즐겨 입는다. 단 하나의 예외가 바로 이 키코로 티셔츠다. 게다가 이 티셔츠는 어린이용으로 태그에 140센티미터라고 찍혀 있다. 아이치박람회가 2005년도에 열렸으니 그럭저럭 오래 입었다. 박람회 자체에 즐거운 추억이 있는 것도 아니다. 이렇게 말하는 것도 부끄럽지만, 키코로 티셔츠를 보면 도저히 버릴 수 없다. 키코로의 동그란 눈동자에 설레기 때문이다.

나는 서랍을 열면 어디에 무엇이 들어 있는지 한눈에 알 수 있도록 수납해놓는데, 소녀 같은 실내복들이 진열되어 있는 가운데 이 티셔츠가 눈에 띄는 존재감을 드러내는 모습이 무척 사랑스럽다. 게다가 이 티셔츠는 오래 입었는데도 모양도 그대로고 얼룩도 생기지 않아서 버릴 이유가 전혀 없다. 이런 물건은 당당히 사용하

자. 누가 뭐라던 나는 이 티셔츠가 좋다. '이게 뭐야' 하는 타인의 시선은 무시해도 된다.

솔직히 키코로 티셔츠를 입은 모습을 남에게 보이지는 않는다. 하지만 가끔 꺼내서 바라보면 미소가 절로 나오니 청소할 때 즐겨 입게 된다. 이 티셔츠는 그런 나의 작은 설렘을 위해 존재하는 것이다.

내가 갖고 있는 물건 하나하나가 전부 '너무 좋다'고 말할 수 있는 것들이고, 그런 물건에 둘러싸여 생활할 수 있다면 그것도 행복한 삶이 아닐까? 그렇게 하기 위해서는 먼저 설레지 않는 물건을 버리면 된다. 이렇게 간단하게 행복해질 수 있는 방법은 아마 없을 것이다. 이것이 바로 또 하나의 '정리의 힘'이다.

64

정리의 진정한 목적

진짜 인생은
정리 후에 시작된다

지금까지 '정리'에 대해 많은 설명과 사례, 나의 이야기들을 소개했지만, 사실 방의 정리를 하지 않는다고 해도 상관은 없다. 세상에는 정리를 하지 않고도 아무렇지도 않게 살아가는 사람들도 많다. 하지만 그런 사람이라면 이 책을 읽지도 않았을 것이다.

어떤 인연으로 이 책을 만나게 되었는지 모르지만, 당신은 분명지금의 상태를 바꾸고 싶어할 것이다. 인생을 새로 시작하고 싶거나, 빛나는 인생으로 만들고 싶거나, 지금의 생활을 더 좋은 상태로 만들고 싶거나, 더 행복해지고 싶다고 생각하는 의식 수준이 매우 높은 사람일 것이다.

나는 그런 사람이라면 분명 정리도 잘할 수 있을 것이라고 장담한다. 정리를 하려고 이 책을 손에 든 시점에서 당신은 이미 새 인생을 향해 한 걸음 내디딘 것이다. 이 책을 읽었다면 다음에 어떤 행동을 해야 하는지 알 수 있을 것이다.

사람은 누구나 많은 물건들을 전부 소중히 다루며 생활할 수는 없다. 나는 전형적인 귀차니스트에 뭐든 잘 잊어버려서 많은 물건을 일일이 소중히 다룰 수 없었다. 그래서 진짜 설레는 것만 남겨 소중히 다루고 싶어서 정리를 고집하게 되었다.

하지만 방 정리는 후딱 끝내는 것이 좋다. 정리 자체가 인생의 목적이 아니기 때문이다. 방 정리는 매일 해야만 하는 것, 평생 해야 하는 것이라는 편견에서 벗어나야 한다. 정리는 한 번에, 단기간에, 완벽하게 끝낼 수 있다. 평생 해야 하는 것은 '버릴지, 남길지의 판단'과 '남기기로 정한 물건을 소중히 사용하는 것'이다.

이렇게 정리에 대해 1년 내내 생각하는 것은 정리 전문가인 나 혹은 역시 나처럼 정리에 진심으로 설렘을 느껴서 정리로 세상을 더 좋게 만들자는 정열을 가진 소수의 사람만으로도 충분하다.

당신은 진짜 설레는 물건에 시간과 정열을 쏟으면 된다. 그것이 당신의 사명이다. 자신이 진심으로 설레는 사명을 발견하는 데 정리는 분명 도움이 된다.

그렇게 진짜 인생은 '정리 후'에 시작된다.

에필로그

매일매일 설레는 하루를 위해

얼마 전 과하게 정리를 한 탓에 병원에 실려 갔다. 아침에 눈을 떠보니, 목부터 어깨까지 움직이지 않아 도저히 침대에서 일어날 수 없었다. 고객의 집에서 오랜 시간 수납장 위 칸을 올려다보며 정리해서인지 무거운 물건을 들어서인지, 정확한 원인은 알 수 없었다. 정리밖에 한 게 없으니 달리 짐작이 갈 만한 원인을 찾지 못했다. 진료 차트에 병의 원인이 '정리를 많이 해서'라고 쓰인 환자는 아마 나뿐일 것이다.

그렇게 혼이 나고서도 겨우 목을 움직일 만하니까 '수납장 위 칸을 올려다보는 것이 이렇게 행복한 일일 줄이야'라는 생각이 가장 먼저 들었다. 나의 머릿속 90퍼센트는 정리로 가득 차 있음이 틀림없다.

역할이 끝난 물건들을 차례로 바깥 세계로 보낼 때는 마치 졸업식을 하는 것 같은 감동이 느껴진다. 물건의 자리를 정할 때는 운명의 만남 같은 설렘이 느껴진다. 무엇보다 정리한 후의 방에서 감도는 깨끗한 공기가 너무 좋다.

큰 이벤트는 아니어도 당연하게 보내는 '매일'을 스스로 빛나는 매일로 바꿀 수 있는 정리의 마법을 많은 사람들에게 알리고 싶어서 이 책을 썼다. 정리 말고는 아무것도 할 수 없는 내게 책을 출판할 수 있도록 힘이 되어준 출판사의 다카하시 씨와 가족들, 내 주위의 많은 사람들, 물건들, 집에게 진심으로 감사한다.

마지막으로 독자 여러분이 『정리의 힘』으로 자신이 좋아하는 물건과 함께 설레는 매일을 보내게 되기를 진심으로 바란다.

정리의 힘

초판 1쇄 발행 2020년 2월 20일
초판 12쇄 발행 2024년 7월 1일

지은이 곤도 마리에 **옮긴이** 홍성민

발행인 이봉주 **단행본사업본부장** 신동해 **편집장** 김예원
표지디자인 박대성 **본문디자인** P.E.N. **교정교열** P.E.N.
마케팅 최혜진 이인국 **홍보** 반여진 허지호 정지연 송임선
국제업무 김은정 김지민 **제작** 정석훈

브랜드 웅진지식하우스
주소 경기도 파주시 회동길 20
문의전화 031-956-7353(편집) 031-956-7089(마케팅)
홈페이지 www.wjbooks.co.kr
인스타그램 www.instagram.com/woongjin_readers
페이스북 www.facebook.com/woongjinreaders
블로그 blog.naver.com/wj_booking

발행처 ㈜웅진씽크빅
출판신고 1980년 3월 29일 제406-2007-000046호

© ㈜웅진씽크빅 2020
ISBN 978-89-01-23447-2 03190